CB137234

# LIGAMUNDO

## HISTÓRIA


**ALEXANDRE ALVES**
Doutor em História pela Universidade de São Paulo (USP)
Autor-colaborador de coleções didáticas do Ensino Fundamental e do Ensino Médio

**LETÍCIA FAGUNDES DE OLIVEIRA**
Mestra em História Social pela Universidade de São Paulo (USP)
Autora-colaboradora de coleções didáticas do Ensino Fundamental e do Ensino Médio


2º ano
Ensino Fundamental • Anos Iniciais


Editora Saraiva
São Paulo – 1ª edição – 2018

Editora Saraiva

**Direção geral:** Guilherme Luz
**Direção editorial:** Luiz Tonolli e Renata Mascarenhas
**Gestão de projeto editorial:** Tatiany Renó
**Gestão e coordenação de área:** Wagner Nicaretta (ger.) e Brunna Paulussi (coord.)
**Edição:** Beatriz de Almeida Francisco, Érica Lamas, Flávia Merighi Valenciano e Guilherme Reghin Gaspar
**Gerência de produção editorial:** Ricardo de Gan Braga
**Planejamento e controle de produção:** Paula Godo (ger.), Roseli Said (coord.) e Marcos Toledo
**Colaboração para desenvolvimento da seção *Conectando saberes*:** Mauro César Brosso e Suzana Obara
**Revisão:** Hélia de Jesus Gonsaga (ger.), Kátia Scaff Marques (coord.), Rosângela Muricy (coord.), Ana Paula C. Malfa, Carlos Eduardo Sigrist, Cesar G. Sacramento, Claudia Virgilio, Daniela Lima, Gabriela M. Andrade, Paula T. Jesus, Raquel A. Taveira e Vanessa P. Santos
**Arte:** Daniela Amaral (ger.), Claudio Faustino (coord.), Karen Midori Fukunaga, Livia Vitta Ribeiro e Meyre Diniz, Jacqueline Ortolan (edit. arte)
**Diagramação:** JS Design
**Iconografia:** Sílvio Kligin (ger.), Denise Durand Kremer (coord.), Karina Tengan (pesquisa iconográfica)
**Licenciamento de conteúdos de terceiros:** Thiago Fontana (coord.), Luciana Sposito e Liliane Rodrigues (licenciamento de textos), Erika Ramires e Claudia Rodrigues (analistas adm.)
**Tratamento de imagem:** Cesar Wolf e Fernanda Crevin
**Ilustrações:** Biry Sarkis, Giz de Cera, PriWi e Vagner Coelho
**Design:** Gláucia Correa Koller (ger.), Erika Tiemi Yamauchi Asato (capa e proj. gráfico), Talita Guedes da Silva (capa)
**Ilustração de capa:** Ideário Lab
**Foto de capa:** Serhiy Kobyakov/Shutterstock


Avenida das Nações Unidas, 7221, 1º andar, Setor A – Espaço 2 – Pinheiros – SP – CEP 05425-902
SAC 0800 011 7875
www.editorasaraiva.com.br

**Dados Internacionais de Catalogação na Publicação (CIP)**
**(Câmara Brasileira do Livro, SP, Brasil)**

Alves, Alexandre
Ligamundo : história 2º ano / Alexandre Alves, Letícia Fagundes de Oliveira. -- 1. ed. -- São Paulo : Saraiva, 2018.

Suplementado pelo manual do professor.
Bibliografia.
ISBN 978-85-472-3443-0 (aluno)
ISBN 978-85-472-3444-7 (professor)

1. História (Ensino fundamental) I. Oliveira, Letícia Fagundes de. II. Título.

18-16475 CDD-372.89

**Índices para catálogo sistemático:**
1. História : Ensino fundamental 372.89

Maria Alice Ferreira - Bibliotecária - CRB-8/7964

**2024**
Código da obra CL 800650
CAE 628107 (AL) / 628108 (PR)
1ª edição
10ª impressão

Impressão e acabamento
Log&Print Gráfica, Dados Variáveis e Logística S.A.

Uma publicação SOMOS EDUCAÇÃO

# APRESENTAÇÃO

CARO ALUNO,

VOCÊ JÁ PENSOU SOBRE COMO SERIA VIVER EM UMA OUTRA ÉPOCA OU EM UM LUGAR COM OUTRA CULTURA? JÁ IMAGINOU COMO AS PESSOAS MORAVAM, TRABALHAVAM, SE RELACIONAVAM, BRINCAVAM E SE DIVERTIAM NO PASSADO? SERÁ QUE ERA DA MESMA MANEIRA QUE FAZEMOS HOJE EM DIA?

APRENDER HISTÓRIA É UMA FORMA DE RESPONDER A ESSAS E MUITAS OUTRAS QUESTÕES. A HISTÓRIA É A CIÊNCIA QUE NOS MOSTRA A IMENSA RIQUEZA E DIVERSIDADE DAS CULTURAS HUMANAS NO PRESENTE E NO PASSADO. A MANEIRA COMO AS PESSOAS VIVEM, PENSAM E SE ORGANIZAM PODE SER MUITO VARIADA, MAS SEMPRE EXISTE ALGO QUE UNE TODOS OS SERES HUMANOS EM TODAS AS ÉPOCAS E LUGARES: A NECESSIDADE DE SONHAR, DE CRIAR, DE AMAR E DE SE COMUNICAR.

ESTA COLEÇÃO FOI PENSADA PARA VOCÊ, QUE SEMPRE QUER SABER MAIS, QUE ADORA NOVIDADES, AVENTURAS E DESCOBERTAS. A HISTÓRIA PODE SER MUITO DIVERTIDA, COMO PASSEAR POR TERRAS DISTANTES, RESOLVER UM ENIGMA OU DECIFRAR UM MISTÉRIO.

ESTUDAR HISTÓRIA É TAMBÉM UM MODO DE CONHECERMOS A NÓS MESMOS E DE SABER QUEM SOMOS E DE ONDE VIEMOS. COMPREENDER COMO ERA A VIDA DAS PESSOAS EM OUTRAS ÉPOCAS E LUGARES VAI AJUDÁ-LO A ENTENDER MELHOR SUA PRÓPRIA VIDA AQUI NO PRESENTE.

VAMOS COMEÇAR A NOSSA AVENTURA?

# CONHEÇA SEU LIVRO

ESTE LIVRO ESTÁ DIVIDIDO EM NOVE UNIDADES.

## ABERTURA DE UNIDADE

NESTA SEÇÃO VOCÊ CONHECERÁ O QUE VAI APRENDER AO LONGO DA UNIDADE. VAI TAMBÉM CONVERSAR COM OS COLEGAS SOBRE O QUE JÁ SABEM A RESPEITO DOS TEMAS QUE SERÃO ESTUDADOS A PARTIR DA LEITURA DE IMAGENS.

## VAMOS FALAR SOBRE...

NESTA SEÇÃO VOCÊ CONVERSARÁ COM OS COLEGAS SOBRE ATITUDES E VALORES IMPORTANTES PARA A SUA FORMAÇÃO COMO CIDADÃO.

## FAZENDO HISTÓRIA!

ESTA SEÇÃO AMPLIA O ESTUDO DE ALGUNS PROCESSOS OU FATOS ABORDADOS NA UNIDADE, MUITAS VEZES POR MEIO DA ANÁLISE DE DIFERENTES FONTES HISTÓRICAS.

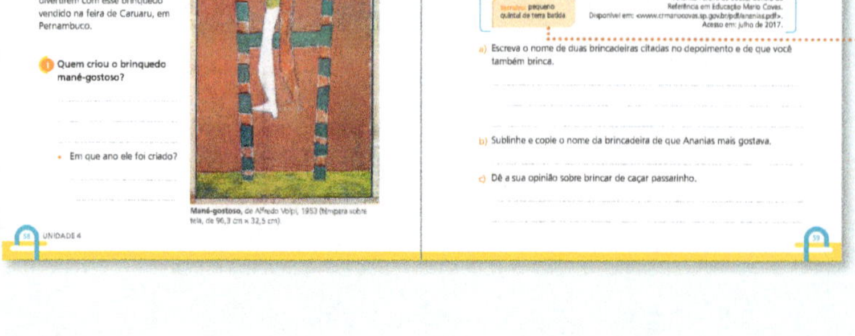


## GLOSSÁRIO

AQUI VOCÊ VAI ENCONTRAR O SIGNIFICADO DAS PALAVRAS DESTACADAS NO TEXTO.

## CONECTANDO SABERES

NESTA SEÇÃO VOCÊ CONHECERÁ COM MAIS PROFUNDIDADE ALGUM TEMA ESTUDADO NA UNIDADE, RELACIONANDO O ASSUNTO COM OUTRAS ÁREAS DO CONHECIMENTO E NOÇÕES DE CIDADANIA.

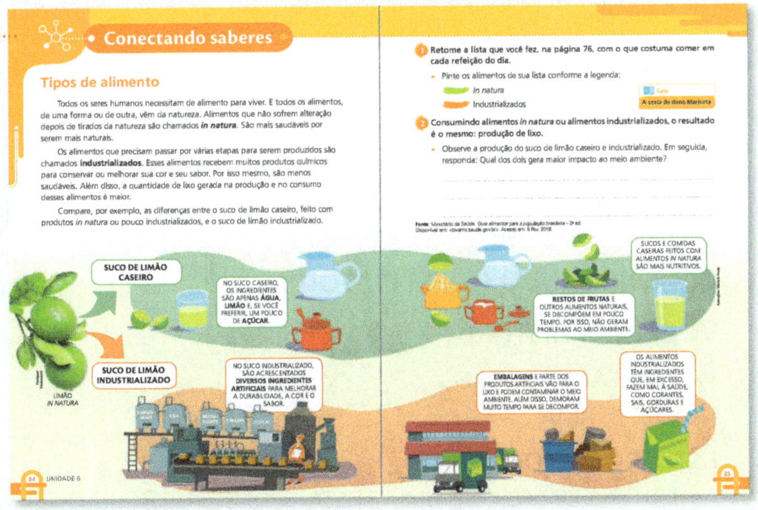


## VAMOS RETOMAR

ESTA SEÇÃO APRESENTA ATIVIDADES QUE RETOMAM ALGUNS TEMAS ESTUDADOS NA UNIDADE.

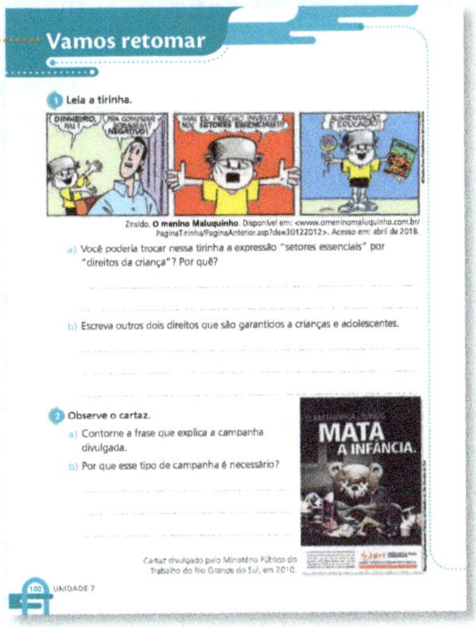


## AUTOAVALIAÇÃO

ESTA SEÇÃO VAI AJUDAR VOCÊ A PERCEBER SE ADQUIRIU O CONHECIMENTO DOS PRINCIPAIS TEMAS TRABALHADOS NA UNIDADE E A REFLETIR SOBRE O QUE PRECISA MELHORAR.

## SUGESTÕES

NESTA SEÇÃO HÁ INDICAÇÃO DE LIVROS, *SITES*, VÍDEOS E FILMES PARA VOCÊ COMPLEMENTAR SEU ESTUDO.

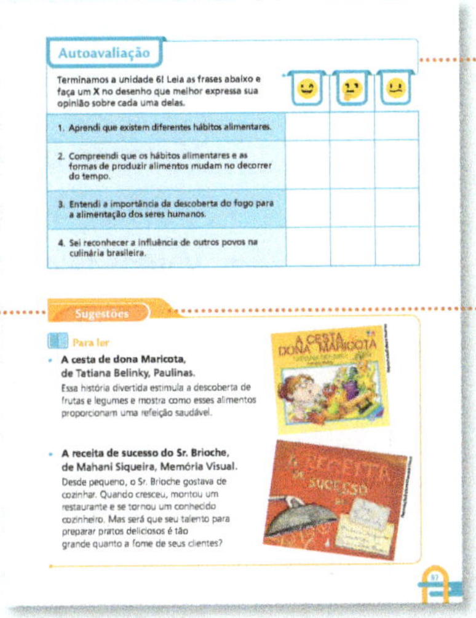


### ÍCONES QUE INDICAM COMO REALIZAR AS ATIVIDADES:

- ORAL
- EM DUPLA
- EM GRUPO
- NO CADERNO

AS SUGESTÕES TÊM O OBJETIVO DE AMPLIAR SEU APRENDIZADO, E NÃO DE FAZER PROPAGANDA.

# SUMÁRIO

Biry Sarkis/Arquivo da editora

Biry Sarkis/Arquivo da editora

Biry Sarkis/Arquivo da editora

UNIDADE

# 1 CADA PESSOA É ÚNICA

## NESTA UNIDADE VOCÊ VAI:

- APRENDER QUE O NOME É UM DIREITO DE TODOS.
- RELACIONAR O SOBRENOME AO NOME DA FAMÍLIA.
- OBSERVAR DOCUMENTOS PESSOAIS E FOTOGRAFIAS PARA ENCONTRAR INFORMAÇÕES.
- REFLETIR SOBRE A IMPORTÂNCIA DOS DOCUMENTOS NA HISTÓRIA DE VIDA DE UMA PESSOA.
- ENTENDER QUE A OBRA DE UM ARTISTA FAZ PARTE DE SUA HISTÓRIA DE VIDA.

Ilustrações: Biry Sarkis/Arquivo da editora

OBSERVE A ILUSTRAÇÃO E CONVERSE COM OS COLEGAS E O PROFESSOR.

1. DESCREVAM A CENA REPRESENTADA NA ILUSTRAÇÃO.
2. POR QUE AS CRIANÇAS ESTÃO APERTANDO AS MÃOS?
   - QUE INFORMAÇÃO PESSOAL COSTUMAMOS TROCAR NO PRIMEIRO MOMENTO DE UM ENCONTRO?

Ilustrações: Biry Sarkis/Arquivo da editora

# PARECIDOS, MAS DIFERENTES

O QUE VOCÊ E OS COLEGAS DE CLASSE TÊM DE PARECIDO? E DE DIFERENTE?

VOCÊ E OS COLEGAS SE PARECEM EM MUITOS ASPECTOS: SÃO CRIANÇAS, GOSTAM DE BRINCAR, ESTUDAM NA MESMA CLASSE... MAS CADA UM TEM SUAS CARACTERÍSTICAS PRÓPRIAS, UM JEITO DE SER E UMA HISTÓRIA. O QUE TORNA VOCÊ DIFERENTE DE OUTRA PESSOA É A SUA **IDENTIDADE**.

Biry Sarkis/Arquivo da editora

O **NOME** NOS ACOMPANHA POR TODA A VIDA, NOS IDENTIFICA E NOS DIFERENCIA DAS OUTRAS PESSOAS. POR ISSO TODA CRIANÇA TEM O DIREITO DE RECEBER UM NOME QUANDO NASCE.

ALÉM DO NOME, TEMOS O **SOBRENOME**, QUE EM GERAL IDENTIFICA A FAMÍLIA DE QUE CADA UM DE NÓS FAZ PARTE.

OS SOBRENOMES TÊM ORIGENS DIVERSAS. ELES PODEM INDICAR:

- O LUGAR DE NASCIMENTO DO PRIMEIRO PARENTE QUE O USOU, COMO **LISBOA** OU **COIMBRA**.
- CARACTERÍSTICAS FÍSICAS DE QUEM PRIMEIRO O ADOTOU, COMO **BRANCO** E **LONGO**.
- NOMES DE ÁRVORES CARACTERÍSTICAS DE UMA REGIÃO, COMO **OLIVEIRA**, **FIGUEIRA**, **PEREIRA**.
- A ETNIA A QUE A PESSOA PERTENCE, COMO NO NOME DO ESCRITOR DANIEL MUNDURUKU, DO POVO INDÍGENA **MUNDURUKU**.

1 ACOMPANHE A LEITURA DO POEMA DE PEDRO BANDEIRA.

LEIA

DE ONDE VÊM OS NOMES?

## NOME DA GENTE

POR QUE É QUE EU ME CHAMO ISSO
E NÃO ME CHAMO AQUILO?
POR QUE É QUE O JACARÉ
NÃO SE CHAMA CROCODILO?

EU NÃO GOSTO
DO MEU NOME,
NÃO FUI EU
QUEM ESCOLHEU.
EU NÃO SEI
POR QUE SE METEM
COM UM NOME
QUE É SÓ MEU! [...]

QUANDO EU TIVER UM FILHO,
NÃO VOU PÔR NOME NENHUM.
QUANDO ELE FOR BEM GRANDE,
ELE QUE PROCURE UM!

Biry Sarkis/Arquivo da editora

PEDRO BANDEIRA. **CAVALGANDO O ARCO-ÍRIS**.
SÃO PAULO: MODERNA, 2003. P. 12-13.

- AGORA ESCREVA, EM UMA FOLHA À PARTE, UMA PEQUENA APRESENTAÇÃO SOBRE VOCÊ, COMEÇANDO PELO SEU NOME. DEPOIS, LEIA PARA OS COLEGAS.

2 COM A AJUDA DE UM ADULTO, RESPONDA:

A) QUEM ESCOLHEU SEU NOME? POR QUE VOCÊ TEM ESSE NOME?

.................................................................

.................................................................

.................................................................

B) VOCÊ TEM O MESMO NOME DE ALGUÉM DA SUA FAMÍLIA? DE QUEM?

.................................................................

.................................................................

# COMPROVANDO QUEM EU SOU

IMAGINE QUE VOCÊ VAI PARTICIPAR DE UM CAMPEONATO ESPORTIVO E PRECISA COMPROVAR SUA IDADE PARA OS ORGANIZADORES. COMO VOCÊ FARIA ISSO?

NO DIA A DIA HÁ SITUAÇÕES EM QUE PRECISAMOS COMPROVAR INFORMAÇÕES PESSOAIS, COMO NOSSO NOME E NOSSA IDADE. PARA ISSO, USAMOS DOCUMENTOS.

**1** OBSERVE ESTE DOCUMENTO PESSOAL:

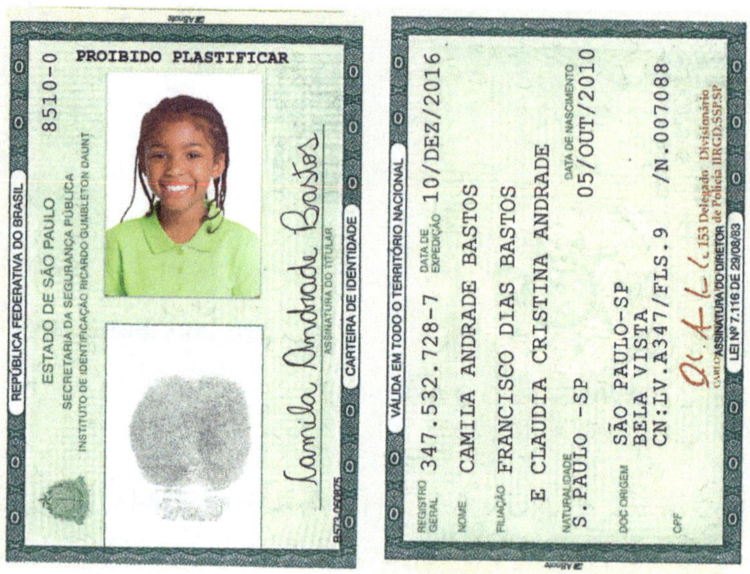


Reprodução/Acervo particular

A) A QUEM PERTENCE O DOCUMENTO? CONTORNE O NOME DA PESSOA.

B) SOBRE ESSA PESSOA, ESCREVA:

- A DATA DE NASCIMENTO.

.......................................................................................................

- O LOCAL DE NASCIMENTO.

.......................................................................................................

C) COPIE O NOME COMPLETO DOS PAIS DESSA PESSOA.

.......................................................................................................

.......................................................................................................

2 OBSERVE AS INFORMAÇÕES DO CARTAZ AO LADO, CRIADO PARA UMA CAMPANHA REALIZADA EM 2009.

Comitê Gestor Nacional de Registro de Nascimento e Documentação Básica/Secretaria Especial dos Direitos Humanos/Governo Federal

A) A QUE DOCUMENTO PESSOAL O CARTAZ SE REFERE?

..........................................................................................

..........................................................................................

..........................................................................................

B) ACOMPANHE A LEITURA DO TEXTO A SEGUIR.

**DOCUMENTO PESSOAL** É UM REGISTRO USADO PARA CONHECER, IDENTIFICAR OU COMPROVAR UMA INFORMAÇÃO SOBRE ALGUÉM.

A CERTIDÃO DE NASCIMENTO, A CARTEIRA DE IDENTIDADE E A CARTEIRA DE TRABALHO SÃO EXEMPLOS DE DOCUMENTOS PESSOAIS.

A CERTIDÃO DE NASCIMENTO É UM DOCUMENTO PESSOAL GRATUITO A QUE TODOS OS BRASILEIROS TÊM DIREITO. NELA ESTÃO O NOME, O SOBRENOME E A DATA E O LOCAL DE NASCIMENTO DA PESSOA.

Reprodução/Acervo particular

REPÚBLICA FEDERATIVA DO BRASIL
REGISTRO CIVIL DAS PESSOAS NATURAIS

CERTIDÃO DE NASCIMENTO

NOME:
JÚLIO BERNARDO XAVIER GOMES

MATRÍCULA:
278965 22 43 4852 01278 125 7885416-88

DATA DE NASCIMENTO POR EXTENSO: Vinte e dois de janeiro de dois mil e doze
DIA MÊS ANO: 22 / 01 / 2012

HORA: 7h 23min
MUNICÍPIO DE NASCIMENTO E UNIDADE DA FEDERAÇÃO: Macapá / Amapá

MUNICÍPIO DE REGISTRO E UNIDADE DA FEDERAÇÃO: Macapá / Amapá
LOCAL DE NASCIMENTO: Hospital Municipal de Macapá
SEXO: Masculino

FILIAÇÃO
MARCELO ALVES GOMES
PATRÍCIA DOS SANTOS XAVIER

AVÓS
PATERNOS: Josenildo Gomes e Teresa Alves Gomes
MATERNOS: Antonio Maria Xavier e Joana dos Santos Xavier

GÊMEO — NOME E MATRÍCULA DO(S) GÊMEO(S)

DATA DO REGISTRO POR EXTENSO: Vinte e três de janeiro de dois mil e doze
NÚMERO DA DECLARAÇÃO DE NASCIDO VIVO: 78458569127

OBSERVAÇÕES/AVERBAÇÕES

O conteúdo da certidão é verdadeiro. Dou fé.

ESCREVENTE AUTORIZADA Célia Alves

• POR QUE A CERTIDÃO DE NASCIMENTO DEVE SER GRATUITA?

**3** COM A AJUDA DE UM ADULTO DA SUA FAMÍLIA, LEIA O SEU REGISTRO DE NASCIMENTO E COMPLETE A FICHA.

NOME COMPLETO

........................................................................................................................

........................................................................................................................

NOME COMPLETO DA MÃE

........................................................................................................................

........................................................................................................................

DATA DE NASCIMENTO

........................................................................................................................

CIDADE ONDE NASCEU

........................................................................................................................

- COMPARE AS INFORMAÇÕES DA SUA FICHA COM A DOS COLEGAS E RESPONDA:

A) QUANTAS CRIANÇAS DA SUA SALA DE AULA NASCERAM NO MESMO ANO QUE VOCÊ? ANOTE NO QUADRO AO LADO.

B) ESCREVA O NOME DE UM COLEGA QUE NASCEU NA MESMA CIDADE QUE VOCÊ.

........................................................................................................................

C) OBSERVE O SEU NOME COMPLETO E O DE SEUS PAIS. O QUE ELES TÊM EM COMUM?

........................................................................................................................

........................................................................................................................

4 OBSERVE MAIS UMA VEZ O DOCUMENTO DA PÁGINA 12. REPARE QUE HÁ UM CARIMBO DO POLEGAR DIREITO DA CAMILA.

A) ORGANIZE AS LETRAS E DESCUBRA O NOME DESSE TIPO DE IMPRESSÃO.

G T I L I D A

..............................................................................

B) OBSERVE AS PINTURAS A SEGUIR.

Reprodução/Museu Van Gogh, Amsterdã, Holanda.

**AUTORRETRATO COMO PINTOR**, DE VAN GOGH, 1888 (ÓLEO SOBRE TELA, DE 65,1 cm × 50 cm).

Tarsila do Amaral Empreendimentos/Museu Nacional de Belas Artes, Rio de Janeiro, RJ.

**AUTORRETRATO**, DE TARSILA DO AMARAL, 1923 (ÓLEO SOBRE TELA, DE 73 cm × 60 cm).

ESSAS PINTURAS SÃO **AUTORRETRATOS**. ISSO SIGNIFICA QUE SÃO RETRATOS QUE OS ARTISTAS FIZERAM DELES MESMOS.

- AGORA USE A IMAGINAÇÃO E CRIE O SEU AUTORRETRATO! USE UMA FOTOGRAFIA OU UM ESPELHO PARA SE OBSERVAR.

# VOCÊ TEM HISTÓRIA

LEIA

EU SOU ASSIM, VIU?

## VOCÊ SABE O QUE É HISTÓRIA DE VIDA?

TODAS AS PESSOAS TÊM UMA HISTÓRIA DE VIDA. DOCUMENTOS PESSOAIS, FOTOGRAFIAS, OBJETOS, ROUPAS, BRINQUEDOS E DIÁRIOS, POR EXEMPLO, AJUDAM A RECONSTRUIR MOMENTOS DESSA HISTÓRIA.

**1** ACOMPANHE A LEITURA DO TEXTO.

AJUDEI VOVÓ A GUARDAR TUDO NO ARMÁRIO E, MAIS TARDE, QUANDO O VOVÔ VOLTOU, EU LHE PERGUNTEI SOBRE AS CARTAS. ELE ABRIU A CAIXA E NELA HAVIA UMA PORÇÃO DE ENVELOPES AMARELADOS, COM SELOS ANTIGOS, CARTAS, CARTÕES E ATÉ ALGUNS POEMAS DE MEU BISAVÔ.

EMOCIONADO, VOVÔ LEU UM POEMA PARA MIM.

— POR QUE O SENHOR AINDA GUARDA TUDO ISSO, VOVÔ?

— SABE, MINHA NETA, NÓS SOMOS UM POUCO DE TODAS AS NOSSAS LEMBRANÇAS JUNTAS. ALGUMAS VÃO FICANDO DESBOTADAS PELO TEMPO. OUTRAS VÃO DANDO UM NOVO COLORIDO À NOSSA VIDA. E É COM ELAS QUE VAMOS ESCREVENDO NOSSA HISTÓRIA.

— AH! ESTOU ENTENDENDO...

NYE RIBEIRO. **OS GUARDADOS DA VOVÓ**. CAMPINAS: RODA & CIA, 2009. P. 27.

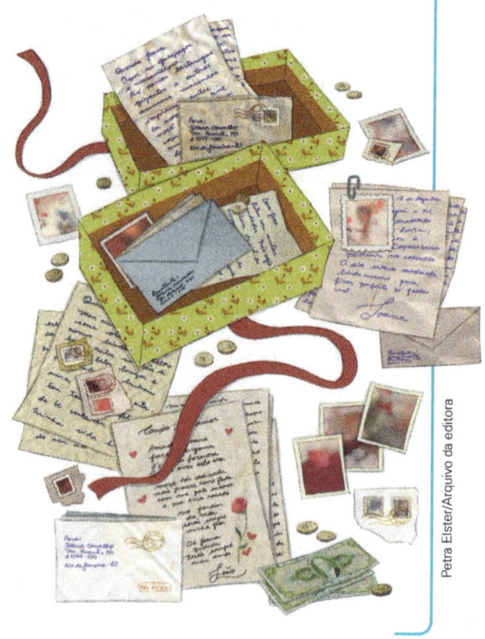

Petra Elster/Arquivo da editora

A) SUBLINHE NO TEXTO O QUE O AVÔ TINHA GUARDADO NA CAIXA.

B) POR QUE O CONTEÚDO DA CAIXA ERA PRECIOSO PARA O AVÔ?

## 2 ACOMPANHE A LEITURA DO TEXTO.

GUO SHUANG TEM NOVE ANOS E VIVE COM OS PAIS E AVÓS NUM **SUBÚRBIO** DE PEQUIM, A CAPITAL CHINESA. [...] OS PAIS DE GUO SHUANG TRABALHAM NUM BANCO. "GUO" É NOME DE FAMÍLIA: OS CHINESES USAM O SOBRENOME ANTES DO NOME. NA CHINA AS PESSOAS SE TRATAM PELO NOME COMPLETO, E POR ISSO SHUANG EM GERAL É CHAMADA DE GUO SHUANG.

BARNABAS E ANABEL KINDERSLEY. **CRIANÇAS COMO VOCÊ**. SÃO PAULO: ÁTICA, 2009. P. 48.

**SUBÚRBIO:** ÁREA LOCALIZADA DISTANTE DO CENTRO DE UMA CIDADE.

- NO BRASIL, AS PESSOAS SE TRATAM COMO NA CHINA OU DE FORMA DIFERENTE? EXPLIQUE.

## 3 ENCONTRE E CONTORNE FONTES DE INFORMAÇÃO QUE VOCÊ PODE USAR PARA RECONTAR SUA HISTÓRIA.

| | | | | | | | | | | |
|---|---|---|---|---|---|---|---|---|---|---|
| F | O | T | O | G | R | A | F | I | A | S |
| I | L | R | O | U | P | A | S | D | R | N |
| H | U | I | C | A | D | E | R | N | O | S |
| E | B | R | I | N | Q | U | E | D | O | S |

## VAMOS FALAR SOBRE...

### AUTOESTIMA

VOCÊ JÁ PERCEBEU QUE CADA PESSOA É ÚNICA E TEM ALGO VALIOSO PARA COMPARTILHAR COM O MUNDO? POR ISSO É IMPORTANTE A GENTE APRENDER A SE GOSTAR E SE CONHECER PARA PODER GOSTAR TAMBÉM DOS OUTROS. O SENTIMENTO QUE TEMOS POR NÓS MESMOS É CHAMADO **AUTOESTIMA**.

- **ANOTE EM SEU CADERNO UMA CARACTERÍSTICA SUA QUE VOCÊ VALORIZA. CONTE PARA A TURMA O QUE ANOTOU E EXPLIQUE POR QUE GOSTA DISSO EM VOCÊ.**

# HISTÓRIA DE VIDA DE UM ARTISTA

Tiago Queiroz/Agência Estado

FRANS KRAJCBERG É UM ARTISTA PLÁSTICO, PINTOR, FOTÓGRAFO, GRAVADOR E ESCULTOR POLONÊS QUE ENCONTROU NA NATUREZA DO BRASIL A INSPIRAÇÃO PARA SEU TRABALHO.

DEPOIS DE PERMANECER ALGUNS ANOS NO BRASIL, EM 1957 KRAJCBERG FOI MORAR EM OUTROS PAÍSES. AO RETORNAR, RECOLHEU TRONCOS E RAÍZES QUEIMADOS, COM OS QUAIS CRIOU ESCULTURAS USANDO TINTURAS NATURAIS.

AS OBRAS DE KRAJCBERG FAZEM PARTE DA HISTÓRIA DO ARTISTA E DE SEU PROTESTO CONTRA A DEVASTAÇÃO DO MEIO AMBIENTE.

NAS VIAGENS À AMAZÔNIA, O ARTISTA KRAJCBERG RETRATOU A BELEZA DA FLORESTA. NA FOTOGRAFIA AO LADO, TRECHO DA FLORESTA AMAZÔNICA, 2012. NA FOTOGRAFIA EM DETALHE, ACIMA, O ARTISTA EM NOVA VIÇOSA, NO ESTADO DA BAHIA, EM 2012.

**1 LEIA O QUE DIZ O ARTISTA FRANS KRAJCBERG.**

> NASCI DESTE MUNDO QUE SE CHAMA "NATUREZA". O GRANDE IMPACTO DA NATUREZA FOI NO BRASIL QUE SENTI. AQUI EU NASCI UMA SEGUNDA VEZ. [...]
>
> MUSEU DE ARTE CONTEMPORÂNEA DE NITERÓI. DISPONÍVEL EM: <www.culturaniteroi.com.br/blog/?id=2099&equi=macniteroi>. ACESSO EM: MARÇO DE 2018.

- CONVERSE COM OS COLEGAS SOBRE O SIGNIFICADO DA EXPRESSÃO "NASCER UMA SEGUNDA VEZ".

ESCULTURA DE FRANS KRAJCBERG. SEM DATA.

Frans Krajcberg/Coleção particular

Christopher Herwig/Getty Images

OBRA DE FRANS KRAJCBERG, 1968. RELEVO EM PAPEL.

Frans Krajcberg/Museu de Arte Moderna, São Paulo, SP.

2 PENSE NO LUGAR EM QUE VIVE: QUE ASPECTO DA NATUREZA MAIS ENCANTA VOCÊ?

3 RECOLHAM GALHOS, FOLHAS, CASCAS DE TRONCO E SEMENTES CAÍDOS DE ÁRVORES. COM ESSES MATERIAIS, CRIEM UM PAINEL SOBRE O TEMA "O GRANDE IMPACTO DA NATUREZA".

# VAMOS RETOMAR

1. DE QUAIS DOCUMENTOS E OBJETOS PESSOAIS VOCÊ PRECISARIA PARA ESCREVER A HISTÓRIA DE ALGUÉM?

2. EM UMA CARTOLINA, FAÇA UMA LINHA DO TEMPO CONTANDO SUA HISTÓRIA DESDE O NASCIMENTO ATÉ O MOMENTO PRESENTE. ASSOCIE À SUA LINHA DO TEMPO DATAS, TEXTOS E DESENHOS E/OU FOTOGRAFIAS. OBSERVE O EXEMPLO ABAIXO.

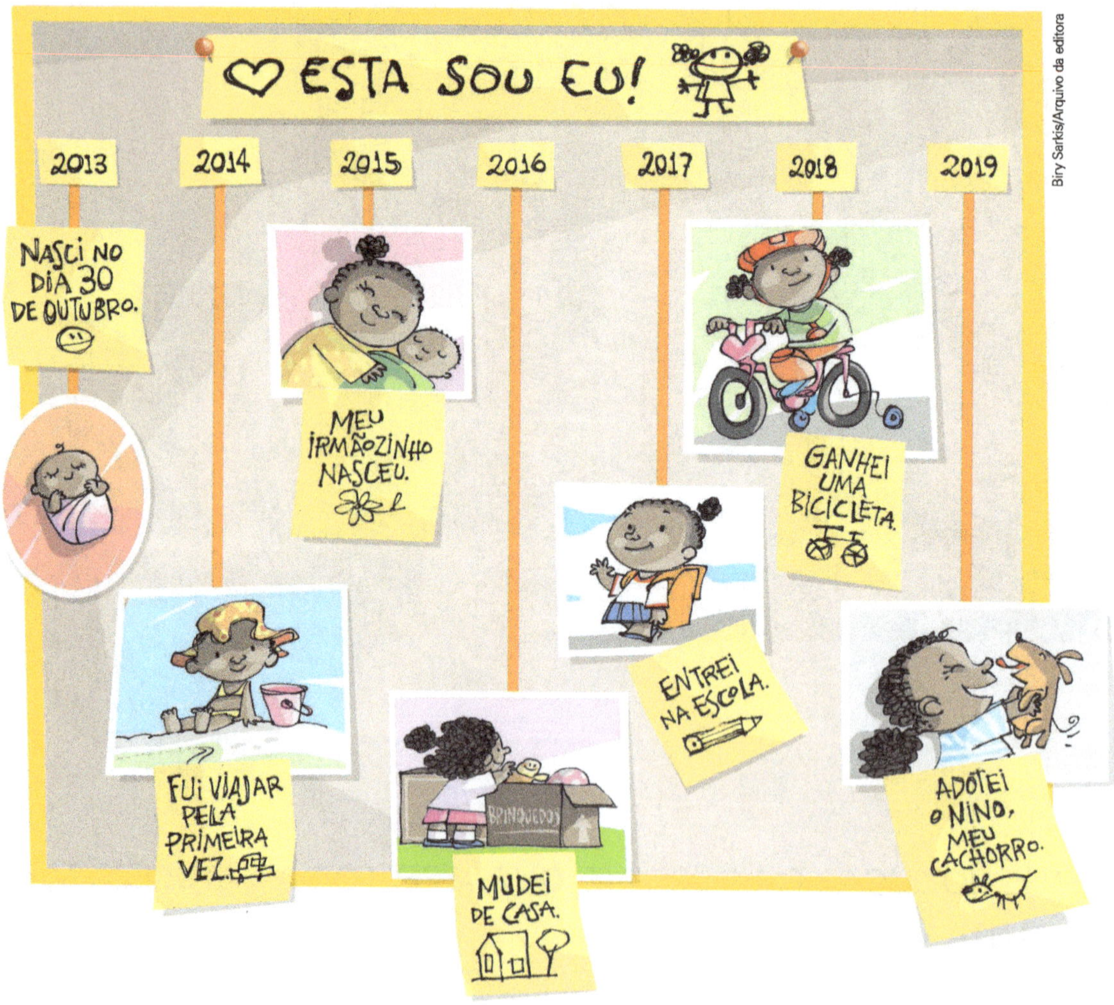


Biry Sarkis/Arquivo da editora

3. VOCÊ JÁ IMAGINOU COMO SERÁ DAQUI A ALGUNS ANOS? EM UMA FOLHA À PARTE, FAÇA UM DESENHO DE COMO VOCÊ GOSTARIA DE SER.

## AUTOAVALIAÇÃO

TERMINAMOS A UNIDADE 1! LEIA AS FRASES ABAIXO E FAÇA UM **X** NO DESENHO QUE MELHOR EXPRESSA SUA OPINIÃO SOBRE CADA UMA DELAS.

| | | | |
|---|---|---|---|
| 1. APRENDI QUE O NOME É UM DIREITO DE TODO CIDADÃO. | | | |
| 2. ENTENDI A RELAÇÃO ENTRE O SOBRENOME E A IDENTIDADE FAMILIAR. | | | |
| 3. INVESTIGUEI DOCUMENTOS PESSOAIS E FOTOGRAFIAS E EXTRAÍ DADOS DELES. | | | |
| 4. REFLETI SOBRE A IMPORTÂNCIA DOS DOCUMENTOS NA HISTÓRIA DE VIDA DE UMA PESSOA. | | | |
| 5. ENTENDI QUE A OBRA DE UM ARTISTA FAZ PARTE DE SUA HISTÓRIA DE VIDA. | | | |

## SUGESTÕES

### PARA LER

- **DE ONDE VÊM OS NOMES?**, DE ILAN BRENMAN, COMPANHIA EDITORA NACIONAL.

O LIVRO TRATA DA IMPORTÂNCIA DE SE TER UM NOME PARA FAZER PARTE DE UMA COMUNIDADE, POIS É COM ELE QUE SOMOS APRESENTADOS AO MUNDO.

Reprodução/Companhia Editora Nacional

Reprodução/Editora Formato

- **EU SOU ASSIM, VIU?**, DE MÁRCIA LEITE, FORMATO.

UM GAROTO QUE É SEMPRE COBRADO PELA FAMÍLIA DECIDE FALAR SOBRE O QUE SENTE NESSES MOMENTOS.

UNIDADE

# 2 AMIGOS AQUI E ALI

## NESTA UNIDADE VOCÊ VAI:

- VALORIZAR AS RELAÇÕES DE AMIZADE E AS ATITUDES DE COOPERAÇÃO E RESPEITO AO OUTRO.
- RECONHECER QUE A AMIZADE É ESSENCIAL PARA O SER HUMANO.
- REFLETIR SOBRE A IMPORTÂNCIA DE RESOLVER CONFLITOS PARA MANTER A BOA CONVIVÊNCIA.
- RECONHECER SEMELHANÇAS E DIFERENÇAS ENTRE AS PESSOAS.
- PERCEBER-SE COMO INTEGRANTE DA COMUNIDADE EM QUE VIVE.
- CONTEXTUALIZAR AS COMUNIDADES QUILOMBOLAS NA ATUALIDADE.

O PARQUE É UM LUGAR DE CONVIVÊNCIA. OBSERVE A ILUSTRAÇÃO E CONVERSE COM OS COLEGAS E O PROFESSOR.

1. O QUE VOCÊ GOSTARIA DE FAZER SE TAMBÉM ESTIVESSE NESSE PARQUE?
2. AS PESSOAS DEVEM OBEDECER A REGRAS NESSE PARQUE? DÊ UM EXEMPLO.
3. EM QUE LUGARES VOCÊ COSTUMA CONVIVER COM PESSOAS?

Biry Sarkis/Arquivo da editora

# ESTAR JUNTO

LEIA
DO JEITO QUE VOCÊ É

NA SUA OPINIÃO, POR QUE É IMPORTANTE TER AMIGOS? O QUE DEVEMOS FAZER PARA MANTER NOSSAS AMIZADES?

COM OS AMIGOS, BRINCAMOS, ESTUDAMOS, CONVERSAMOS, APRENDEMOS E COMPARTILHAMOS MOMENTOS DE NOSSA VIDA.

UM AMIGO NOS AJUDA, NOS OUVE E PROCURA ENTENDER O QUE SENTIMOS. ELE NÃO PRECISA PENSAR DA MESMA MANEIRA OU GOSTAR DAS MESMAS COISAS.

**1** OBSERVE AS FOTOGRAFIAS.

1

Luciola Zvarick/Pulsar Imagens

CRIANÇAS DA ETNIA YAWALAPITI BRINCAM NO PÁTIO DA ALDEIA TUATUARI, EM GAÚCHA DO NORTE, ESTADO DE MATO GROSSO. FOTO DE 2016.

Fernando Favoretto/Criar Imagem

2

CRIANÇAS CUIDAM DE HORTA NA CIDADE DE SÃO CAETANO DO SUL, ESTADO DE SÃO PAULO. FOTO DE 2013.

3

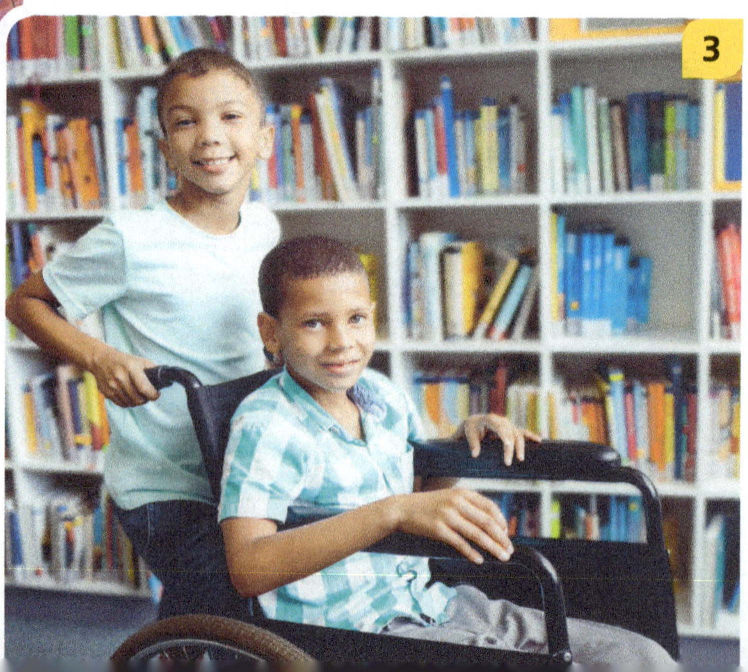

Wavebreakmedia Ltd/Alamy/Latinstock

CRIANÇAS EM BIBLIOTECA NA CIDADE DO CABO, ÁFRICA DO SUL. FOTO DE 2016.

- AGORA NUMERE AS FRASES DE ACORDO COM AS SITUAÇÕES REPRESENTADAS NAS FOTOS.

  ☐ QUANDO TODOS COLABORAM, O AMBIENTE FICA MAIS AGRADÁVEL.

  ☐ É IMPORTANTE AJUDAR O OUTRO.

  ☐ COM OS AMIGOS, A BRINCADEIRA FICA MAIS DIVERTIDA.

**2** **LEIA AS INFORMAÇÕES A SEGUIR E CONVERSE COM OS COLEGAS.**

HÁ PESSOAS QUE SÃO CHAMADAS, POR AMIGOS E FAMILIARES, PELO NOME. OUTRAS, PELO SOBRENOME OU AINDA PELO **APELIDO**.

O USO DE APELIDOS É MUITO COMUM NO NOSSO DIA A DIA. MAS UM APELIDO NÃO PODE OFENDER A PESSOA.

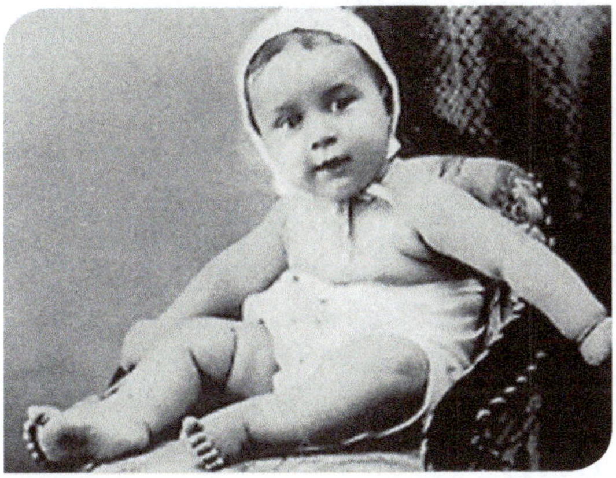


HEITOR VILLA-LOBOS, EM FOTO DE CERCA DE 1888.

HEITOR VILLA-LOBOS, EM FOTO DE 1959.

QUANDO CRIANÇA, O MÚSICO E COMPOSITOR BRASILEIRO HEITOR VILLA-LOBOS TINHA O APELIDO DE "TUHU", POIS GOSTAVA DE IMITAR O BARULHO DO TREM E MUITOS OUTROS SONS QUE OUVIA. O **TRENZINHO DO CAIPIRA** É UMA DE SUAS COMPOSIÇÕES MAIS FAMOSAS.

A) ALGUM AMIGO SEU É TRATADO PELO APELIDO? QUAL É O APELIDO? POR QUE ELE É CHAMADO ASSIM?

B) VOCÊ CONHECE ALGUÉM QUE SE SINTA INCOMODADO COM O APELIDO QUE TEM? POR QUE ESSA PESSOA SE SENTE INCOMODADA?

C) DÊ SUA OPINIÃO: CHAMAR UMA PESSOA POR UM APELIDO DE QUE ELA NÃO GOSTA AJUDA NA BOA CONVIVÊNCIA?

## RESOLVENDO CONFLITOS

SE, POR ALGUM MOTIVO, NOS DESENTENDERMOS COM UMA PESSOA, É IMPORTANTE RESOLVER A SITUAÇÃO PARA MANTERMOS A BOA CONVIVÊNCIA. CONVERSAR É UMA MANEIRA DE RESOLVER CONFLITOS.

1 ACOMPANHE A LEITURA DA CARTA.

QUERIDOS SR. E SRA. URSO,
QUERIDO URSINHO,

SINTO MUITO, MAS MUITO MESMO, TER ENTRADO NA CASA DE VOCÊS E TER COMIDO O MINGAU DO URSINHO. MAMÃE DISSE QUE O QUE EU FIZ É MUITO FEIO. E FICOU MAIS BRAVA AINDA PORQUE EU NUNCA COMO O MINGAU QUE ELA FAZ.

PAPAI DISSE QUE VAI CONSERTAR A CADEIRINHA.

UM BEIJO,

CACHINHOS DOURADOS

P.S.: GOSTARIA MUITO QUE O URSINHO VIESSE À MINHA FESTA DE ANIVERSÁRIO. VAI TER TRÊS TIPOS DE GELATINA E UM BOLO COM OITO VELAS.

JANET E ALLAN AHLBERG. **O CARTEIRO CHEGOU**. SÃO PAULO: COMPANHIA DAS LETRINHAS, 2009. P. 6.

A) CONTORNE NO TEXTO O NOME:

- DE QUEM ESCREVEU A CARTA.
- DAQUELES PARA QUEM A CARTA FOI ESCRITA.

B) POR QUE CACHINHOS DOURADOS MANDOU UMA CARTA PARA A FAMÍLIA DOS URSOS?

..............................................................................................................................

..............................................................................................................................

C) NA SUA OPINIÃO, A ATITUDE TOMADA PELA MENINA AJUDOU A RESOLVER A SITUAÇÃO? JUSTIFIQUE.

..............................................................................................................................

..............................................................................................................................

D) DE QUE OUTRAS FORMAS A MENINA PODERIA RESOLVER A SITUAÇÃO?

..............................................................................................................................

..............................................................................................................................

**2** **UM GRUPO DE AMIGOS ESTAVA DISCUTINDO PORQUE NINGUÉM QUERIA BATER A CORDA NA BRINCADEIRA.**

- COM UM COLEGA, SUGIRA DUAS MANEIRAS DE RESOLVER A SITUAÇÃO.

..............................................................................................................................

..............................................................................................................................

**3** **LEIA A PARLENDA A SEGUIR E FAÇA O QUE SE PEDE.**

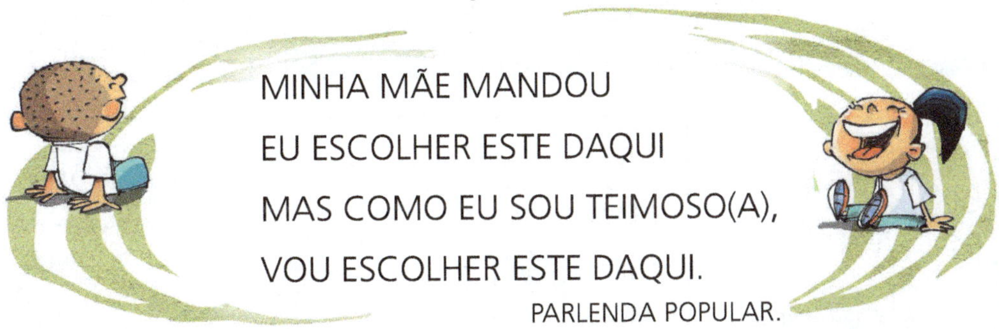

MINHA MÃE MANDOU
EU ESCOLHER ESTE DAQUI
MAS COMO EU SOU TEIMOSO(A),
VOU ESCOLHER ESTE DAQUI.

PARLENDA POPULAR.

Biry Sarkis/Arquivo da editora

A) ESSA PARLENDA COSTUMA SER USADA EM QUAIS SITUAÇÕES?

B) IMAGINEM UMA SITUAÇÃO DE CONFLITO QUE PODE SER RESOLVIDA COM ESSA PARLENDA. AGORA, REPRESENTEM A SITUAÇÃO QUE VOCÊS IMAGINARAM EM UMA PEQUENA PEÇA DE TEATRO.

4 COM A AJUDA DO PROFESSOR, LEIA A HISTÓRIA EM QUADRINHOS.

MAURICIO DE SOUSA. TROPEÇO. PÁGINA AVULSA TURMA DA MÔNICA, N. 924. PUBLICADA EM 2002.

A) DE QUE FORMA O CASCÃO INTERROMPEU A PERSEGUIÇÃO DA MÔNICA AO CEBOLINHA?

.....................................................................................................

B) QUAL FOI A INTENÇÃO DO CASCÃO AO SUGERIR QUE A MÔNICA E O CEBOLINHA FIZESSEM ALGO JUNTOS? MARQUE COM UM **X**.

☐ PARTICIPAR DA PERSEGUIÇÃO. ☐ ACABAR COM O CONFLITO.

C) A ATITUDE DO CASCÃO RESOLVEU O CONFLITO? EXPLIQUE A SUA RESPOSTA.

.....................................................................................................

.....................................................................................................

D) A MÔNICA E O CEBOLINHA ACEITARAM A SUGESTÃO DO CASCÃO?

.....................................................................................................

E) EM UMA FOLHA À PARTE, CRIE UM FINAL DIFERENTE PARA A HISTÓRIA.

## VAMOS FALAR SOBRE...

### CONVIVÊNCIA

LEIA

**LILÁS**

Biry Sarkis/Arquivo da editora

CONVIVER É SE RELACIONAR COM OUTRAS PESSOAS, COMO FAMILIARES, AMIGOS, COLEGAS, VIZINHOS, PROFESSORES, ETC. VIVER COM OS OUTROS PODE SER BEM PRAZEROSO, MAS TAMBÉM DIFÍCIL. POR ISSO É IMPORTANTE OUVIR O COMPANHEIRO, ENTENDER E RESPEITAR SUAS NECESSIDADES. ASSIM, CRIAMOS UM AMBIENTE DE HARMONIA E DE RESPEITO ÀS DIFERENÇAS.

- **CONVIDE UM COLEGA QUE VOCÊ NÃO CONHECE BEM PARA UMA CONVERSA. UM VAI OUVIR O OUTRO E PROCURAR SABER SOBRE SEUS GOSTOS, BRINCADEIRAS E BRINQUEDOS FAVORITOS. DEPOIS CADA UM VAI CONTAR PARA A TURMA O QUE DESCOBRIU DO COLEGA.**

# IDEIAS E DECISÕES

HÁ SITUAÇÕES EM QUE AS PESSOAS QUE CONVIVEM SE REÚNEM PARA CONVERSAR SOBRE PROBLEMAS E ASSUNTOS DE SEU INTERESSE. ESSES ENCONTROS SÃO CHAMADOS **ASSEMBLEIAS**.

EM UMA ASSEMBLEIA, OS PARTICIPANTES EXPÕEM SUAS IDEIAS, OUVEM AS OPINIÕES DE OUTRAS PESSOAS, VOTAM E TOMAM DECISÕES. NESSA SITUAÇÃO, O RESPEITO DE TODOS É FUNDAMENTAL.

1. COMPLETE A FRASE.

   .................................................... É UMA REUNIÃO DE PESSOAS QUE TÊM OS MESMOS INTERESSES, PARA DISCUTIR E RESOLVER PROBLEMAS.

2. CONVERSE COM OS COLEGAS E O PROFESSOR: COMO OS FUNCIONÁRIOS DA SUA ESCOLA RESOLVEM AS SITUAÇÕES QUE DIZEM RESPEITO A TODOS?

3. NA CENA A SEGUIR, OS PERSONAGENS ESTÃO REUNIDOS PARA DECIDIR COMO VÃO ENCONTRAR O PAI DO NEMO.

Pixar Animation Studios/Walt Disney Studios/Motion Pictures

CENA DO FILME **PROCURANDO NEMO**, DIREÇÃO DE ANDREW STANTON E LEE UNKRICH (ESTADOS UNIDOS, 2003). OS PERSONAGENS ESTÃO REUNIDOS PARA UMA IMPORTANTE TOMADA DE DECISÃO.

- VOCÊ JÁ PARTICIPOU DE ALGUMA REUNIÃO PARA TOMADA DE DECISÃO? CONTE COMO FOI.

4 AS FAMÍLIAS DA COMUNIDADE **QUILOMBOLA** DA MARAMBAIA, LOCALIZADA NO RIO DE JANEIRO, LUTAM PARA GARANTIR O DIREITO À TERRA ONDE HOJE VIVEM E TRABALHAM. ACOMPANHE A LEITURA DO TEXTO.

**QUILOMBOLA:** DESCENDENTE DE AFRICANOS ESCRAVIZADOS QUE MANTÉM SUAS TRADIÇÕES, VIVENDO EM UMA COMUNIDADE.

## MULHERES QUILOMBOLAS

JÔ E VÂNIA ATUAM, COMO MULHERES E COMO QUILOMBOLAS, NAS LUTAS DA COMUNIDADE. A PRINCIPAL LUTA EM QUE ELAS ESTÃO ENGAJADAS É PELA TITULAÇÃO DAS TERRAS. [...]

ELAS AVALIAM QUE, COM A TERRA TITULADA, SERÁ MAIS FÁCIL E SEGURO LUTAR POR TODAS AS OUTRAS QUESTÕES IMPORTANTES PARA A COMUNIDADE, COMO A ENERGIA ELÉTRICA E A CONSTRUÇÃO DE UM CENTRO DE SAÚDE COM CONDIÇÕES DE ATENDER TODA A POPULAÇÃO. [...]

[PARA VÂNIA, A MAIOR CONQUISTA DA COMUNIDADE É] "[...] A VISIBILIDADE QUE ALGUNS MEMBROS DA COMUNIDADE ESTÃO DANDO PARA A PRÓPRIA COMUNIDADE. [...] ENTÃO, PARA A GENTE, ESSA FOI A MAIOR CONQUISTA: FAZER O BRASIL TODO SABER QUE EXISTIMOS E QUE SOMOS BRASILEIROS".

COMISSÃO PRÓ-ÍNDIO DE SÃO PAULO. DISPONÍVEL EM: <www.cpisp.org.br/comunidades/html/i_mulheres.html>. ACESSO EM: JANEIRO DE 2017.

Gentilmente cedido por Fábio Alves Marçal/ARQIMAR (Associação da Comunidade dos Remanescentes de Quilombo da Ilha da Marambaia)

VÂNIA MARIA ALVES GUERRA DOS SANTOS, REPRESENTANTE FEMININA DA COMUNIDADE DOS REMANESCENTES DE QUILOMBO DA ILHA DE MARAMBAIA. MANGARATIBA, ESTADO DO RIO DE JANEIRO, 2017.

A) SUBLINHE NO TEXTO QUAL É A PRINCIPAL LUTA DAS MULHERES QUILOMBOLAS.

B) O QUE VÂNIA CONSIDERA A MAIOR CONQUISTA PARA A COMUNIDADE?

# PARA O BEM DE TODOS

**NA FOTOGRAFIA REPRODUZIDA ABAIXO EXISTE UMA REGRA. VOCÊ CONSEGUE IDENTIFICÁ-LA?**

TODOS VIVEMOS EM SOCIEDADE E DEVEMOS TER ATITUDES QUE CONTRIBUAM PARA UMA CONVIVÊNCIA SAUDÁVEL E HARMONIOSA ENTRE AS PESSOAS E COM O AMBIENTE.

Luciana Whitaker/Pulsar Imagens

LIXO E ENTULHO DEIXADOS NA MARGEM DE UMA ESTRADA NA CIDADE DE ITAJAÍ, ESTADO DE SANTA CATARINA. FOTO DE 2016.

1. **SE AS PESSOAS NÃO CUMPRIREM A REGRA ANUNCIADA NA PLACA PRESENTE NA FOTOGRAFIA, A COMUNIDADE PODE SER PREJUDICADA?**

.............................................................................................

.............................................................................................

.............................................................................................

2. **CONVERSE COM OS COLEGAS: É NECESSÁRIO COLOCAR CARTAZES COMO ESSE EM TODOS OS LUGARES? POR QUÊ?**

3 FAÇA UM **X** NA FOTOGRAFIA QUE MOSTRA UMA SITUAÇÃO QUE COMPROMETE O BEM-ESTAR DAS PESSOAS DE UMA COMUNIDADE.

TRANSPORTE PÚBLICO EFICIENTE E CICLOVIA EM LONDRES, INGLATERRA, EM 2016.

Pete Spiro/Shutterstock

Fernando Favoretto/Criar Imagem

CRIANÇA JOGANDO LIXO EM LIXEIRA PARA COLETA SELETIVA EM SÃO PAULO, ESTADO DE SÃO PAULO, EM 2016.

Gabriel Santos/Tyba

PESSOAS EM UMA FILA AGUARDANDO PARA SEREM ATENDIDAS EM CLÍNICA MÉDICA NO RIO DE JANEIRO, ESTADO DO RIO DE JANEIRO, EM 2016.

4 **EM GRUPO, CRIEM UMA CAMPANHA PARA ALERTAR A SUA COMUNIDADE SOBRE UMA AÇÃO NECESSÁRIA PARA O BEM DE TODOS.**

- ESCOLHAM O TEMA DA CAMPANHA COM A AJUDA DO PROFESSOR.
- PESQUISEM IMAGENS E FAÇAM DESENHOS PARA ILUSTRAR A CAMPANHA.
- CRIEM O TÍTULO DA CAMPANHA.
- IDENTIFIQUEM OS CRIADORES DA CAMPANHA.

# VAMOS RETOMAR

1. LEIA O POEMA COM UM COLEGA. COMBINEM A COR DOS VERSOS QUE CADA UM VAI LER.

**JOGO DE DADOS, JOGO DE REGRAS**

— NO CHÃO NÃO VALE!
— NÃO VALE POR QUÊ?!
— NO CHÃO SÓ VALE
QUANDO É BOM PRA VOCÊ!
— MAS NÃO FAZ DIFERENÇA,
NÃO FAZ MAL NENHUM...
— QUERIA SÓ VER SE,
EM VEZ DE SEIS, FOSSE UM!
— JOGA LOGO, **PIRRALHO**,
EU NÃO TENHO O DIA INTEIRO!
— SÓ JOGO SE O DADO
SÓ VALER NO TABULEIRO!
— NÃO FALA BOBAGEM,
PEGA A REGRA PRA VER!
— VOCÊ SABE MUITO BEM
QUE EU AINDA NÃO SEI LER!!
— FALOU O NENEZINHO!
EU LEIO A REGRA, ENTÃO...
[...]
O JOGO ACABOU,
MAS FICOU A QUESTÃO:
— AFINAL...
VALE OU NÃO VALE NO CHÃO??

**PIRRALHO:** MENINO, GURI, CRIANÇA.

CLÁUDIO THEBAS. **AMIGOS DO PEITO**. BELO HORIZONTE: FORMATO, 1996. P. 19.

A) POR QUE AS CRIANÇAS ESTÃO DISCUTINDO?

.................................................................

.................................................................

B) POR QUE É IMPORTANTE COMBINAR AS REGRAS ANTES DE UMA BRINCADEIRA?

.................................................................

.................................................................

.................................................................

# AUTOAVALIAÇÃO

TERMINAMOS A UNIDADE 2! LEIA AS FRASES ABAIXO E FAÇA UM **X** NO DESENHO QUE MELHOR EXPRESSA SUA OPINIÃO SOBRE CADA UMA DELAS.

| | | | |
|---|---|---|---|
| 1. ENTENDI QUE É IMPORTANTE VALORIZAR AS RELAÇÕES DE AMIZADE E AS ATITUDES DE COOPERAÇÃO E RESPEITO AO OUTRO. | | | |
| 2. APRENDI QUE A AMIZADE É ESSENCIAL PARA O SER HUMANO. | | | |
| 3. RECONHEÇO A IMPORTÂNCIA DE RESOLVER CONFLITOS PARA MANTER A BOA CONVIVÊNCIA. | | | |
| 4. RECONHEÇO SEMELHANÇAS E DIFERENÇAS ENTRE AS PESSOAS. | | | |
| 5. CONSIGO ME PERCEBER COMO INTEGRANTE DA COMUNIDADE EM QUE VIVO. | | | |
| 6. SEI CONTEXTUALIZAR AS COMUNIDADES QUILOMBOLAS NA ATUALIDADE. | | | |

# SUGESTÕES

## PARA LER

- **DO JEITO QUE VOCÊ É,** DE TELMA GUIMARÃES, FORMATO.

  A TURMA DO CONDOMÍNIO CRITICA E NÃO QUER BRINCAR COM SANDRA, UMA MENINA MUITO DIFERENTE DE TODOS. DEPOIS DE ALGUNS DIAS, AS CRIANÇAS PERCEBEM QUE PODEM SER AMIGAS E TÊM MUITO EM COMUM.

Reprodução/Editora Formato

- **LILÁS,** DE MARY E. WHITCOMB, COSAC NAIFY.

  LILÁS É UMA MENINA DIFERENTE ATÉ NO NOME. SEU BRINQUEDO PREFERIDO? UMA PLANTA BEM ESTRANHA. OS COLEGAS A REJEITAM A PRINCÍPIO, MAS LOGO DESCOBREM QUE O DIFERENTE PODE SURPREENDER.

Reprodução/Editora Cosac Naify

UNIDADE

# 3 É BOM TER FAMÍLIA

## NESTA UNIDADE VOCÊ VAI:

- COMPARAR DIFERENTES FAMÍLIAS E IDENTIFICAR AS TRANSFORMAÇÕES NAS FAMÍLIAS AO LONGO DO TEMPO.
- RECONHECER QUE AS NOVAS GERAÇÕES APRENDEM VALORES, HÁBITOS E COSTUMES COM A FAMÍLIA.
- COMPREENDER COMO UMA FAMÍLIA PODE SER REPRESENTADA EM UMA ÁRVORE GENEALÓGICA.
- CONHECER DIFERENTES ROTINAS FAMILIARES.

OBSERVE A CENA E CONVERSE COM OS COLEGAS E O PROFESSOR.

1. VOCÊ CONHECE OS PERSONAGENS QUE APARECEM NA CENA? QUEM SÃO?
2. EM UMA FAMÍLIA COM AVÓS, FILHOS E NETOS EXISTEM TRÊS GERAÇÕES: A PRIMEIRA GERAÇÃO É A DOS AVÓS, A SEGUNDA GERAÇÃO É A DOS FILHOS E A TERCEIRA GERAÇÃO É A DOS NETOS. QUANTAS GERAÇÕES TEM A FAMÍLIA DE GRU? IDENTIFIQUE-AS.
3. CITE UMA SEMELHANÇA E UMA DIFERENÇA ENTRE A SUA FAMÍLIA E A FAMÍLIA DE GRU.

CENA DO FILME **MEU MALVADO FAVORITO 2**, DIREÇÃO DE CHRIS RENAUD E PIERRE COFFIN (ESTADOS UNIDOS, 2013). ESSA É UMA FAMÍLIA INUSITADA FORMADA POR GRU, UM EX-VILÃO, E SUAS TRÊS FILHAS ADOTIVAS. COM A CHEGADA DAS MENINAS EM SUA VIDA, GRU DEIXA DE SER VILÃO E SE TORNA UM PAI CIUMENTO E DEDICADO.

Illumination Entertainment/Universal Pictures/Collection Christophel/Agência France-Presse

# VOCÊ NÃO VIVE SÓ

LEIA
**ESPERANDO MAMÃE**

NA SUA OPINIÃO, O QUE DEIXA UMA CRIANÇA FELIZ? O QUE FAZ VOCÊ FELIZ?

PESQUISADORES REALIZARAM ENTREVISTAS PARA SABER O QUE DEIXA AS CRIANÇAS FELIZES: BRINQUEDOS, VIAGENS OU PARQUES DE DIVERSÕES?

> [...] E AÍ VEIO MAIS UMA SURPRESA: O QUE DEIXA A CRIANÇA MAIS FELIZ SÃO COISAS SIMPLES, COMO ESTAR COM OS AVÓS, BRINCAR COM OS AMIGOS E PRATICAR ESPORTES. [...]

THAIS LAZZERI. POR QUE ELA ESTÁ TÃO FELIZ? **ÉPOCA**, 25 DE MAIO DE 2012. DISPONÍVEL EM: <http://revistaepoca.globo.com/Vida-util/noticia/2012/05/por-que-ela-esta-tao-feliz.html>. ACESSO EM: JULHO DE 2017.

Hugo Tavares/Opção Brasil

AS FAMÍLIAS PODEM TER DIFERENTES FORMAÇÕES. PAIS, IRMÃOS, AVÓS, TIOS, PRIMOS, PADRINHOS E OUTRAS PESSOAS PRÓXIMAS FAZEM PARTE DA FAMÍLIA. NA FOTO, FAMÍLIA NO RIO DE JANEIRO, ESTADO DO RIO DE JANEIRO, EM 2014.

AS CRIANÇAS DEVEM SER PROTEGIDAS E CUIDADAS POR SEU GRUPO FAMILIAR. ALÉM DISSO, APRENDEM COM ELE REGRAS, HÁBITOS E COSTUMES.

O GRUPO DE PESSOAS COM O QUAL AS CRIANÇAS GERALMENTE CONVIVEM DE FORMA MAIS PRÓXIMA É A **FAMÍLIA**.

**1** **MARQUE COM UM X A FRASE VERDADEIRA.**

- [ ] TODAS AS FAMÍLIAS SÃO REPRESENTADAS APENAS POR PAI, MÃE E FILHOS.
- [ ] AS FAMÍLIAS SÃO DIFERENTES, POIS PODEM SER FORMADAS APENAS PELA MÃE OU APENAS PELO PAI E OS FILHOS, OU POR PAI, MÃE, TIOS, FILHOS E AVÓS.

**2** A **ÁRVORE GENEALÓGICA** APRESENTA AS GERAÇÕES DE UMA FAMÍLIA. OBSERVE A ÁRVORE GENEALÓGICA DA FAMÍLIA DE JANAÍNA.

Ilustração: Giz de Cera/Arquivo da editora / Imagens de cima para baixo, da esquerda para a direita: Cassandra Cury/Pulsar Imagens; Cassandra Cury/Pulsar Imagens; Cassandra Cury/Pulsar Imagens; Edson Sato/Pulsar Imagens; Cassandra Cury/Pulsar Imagens; Cassandra Cury/Pulsar Imagens

A) LEIA AS PISTAS E ESCREVA OS NOMES.

- SÃO IRMÃOS DE JANAÍNA.

..............................................................................

- É MÃE DE NINA E AVÓ MATERNA DE JANAÍNA.

..............................................................................

- CAUÃ, JANAÍNA E MAIARA SÃO SEUS FILHOS.

..............................................................................

B) VOCÊ NOTOU QUE ESTÃO FALTANDO ALGUNS ROSTOS NA ÁRVORE? QUEM SÃO OS FAMILIARES DE JANAÍNA QUE NÃO POSSUEM FOTO?

- IARA: ..............................................................................
- JANDIR: ..............................................................................
- MAIARA: ..............................................................................

**3** EM UMA FOLHA À PARTE, MONTE SUA ÁRVORE GENEALÓGICA.

# VIDA EM FAMÍLIA

AS FAMÍLIAS SÃO ORGANIZADAS DE DIFERENTES MANEIRAS. EM ALGUMAS, UM ADULTO TRABALHA FORA DE CASA ENQUANTO OUTRO TRABALHA CUIDANDO DA MORADIA E DAS CRIANÇAS. EM OUTRAS, TODOS OS ADULTOS TRABALHAM FORA E AS CRIANÇAS FICAM NA ESCOLA OU COM ALGUM RESPONSÁVEL, ENTRE OUTRAS.

LEIA
**O FILHO DO MEIO**

NO DIA A DIA DE UMA FAMÍLIA, TODOS PODEM CONTRIBUIR REALIZANDO DIFERENTES ATIVIDADES: ARRUMAR A CASA, FAZER COMPRAS, LAVAR A LOUÇA, CUIDAR DOS ANIMAIS DE ESTIMAÇÃO, ENTRE OUTRAS.

**1** LEIA A HISTÓRIA EM QUADRINHOS E RESPONDA.

MAURICIO DE SOUSA. HISTÓRIA DO CEBOLINHA. **O ESTADO DE S. PAULO**. ESTADINHO. SÃO PAULO, 20 DE AGOSTO DE 2011. ANO 25, N. 1231. P. 12.

A) COMO A MÃE "ATRAI" O CEBOLINHA PARA AJUDAR NA COZINHA?

..................................................................................................

..................................................................................................

B) QUAL É A VANTAGEM DE REALIZAR TAREFAS DOMÉSTICAS COM AS PESSOAS DA FAMÍLIA?

## 2 VOCÊ TAMBÉM PODE AJUDAR EM CASA. LEIA O QUADRO ABAIXO.

Biry Sarkis/Arquivo da editora

| DE 2 A 3 ANOS | DE 4 A 5 ANOS | DE 6 A 8 ANOS |
|---|---|---|
| GUARDAR OS BRINQUEDOS. | ARRUMAR A CAMA. | LAVAR LOUÇA. |
| TIRAR SEU PRATO DA MESA. | COLOCAR A ROUPA NA MÁQUINA. | PÔR E TIRAR A MESA. |
| GUARDAR SAPATOS. | GUARDAR ROUPAS. | TIRAR O LIXO DA CASA. |
| COLOCAR A ROUPA SUJA NO CESTO. | GUARDAR PARTE DA LOUÇA. | VARRER. |
| LIMPAR PEQUENAS SUPERFÍCIES. | AJUDAR A PÔR A MESA. | PASSAR ASPIRADOR. |
| PEGAR FRUTAS E LEGUMES DA FRUTEIRA. | TIRAR O PÓ. | LAVAR O QUINTAL. |
| PÔR GUARDANAPOS NA MESA. | REGAR PLANTAS. | GUARDAR AS COMPRAS. |
| TIRAR A PRÓPRIA ROUPA. | SEPARAR O LIXO. | PENDURAR ROUPA NO VARAL DE CHÃO. |

DISPONÍVEL EM: <http://amulherequemanda.com/o-seu-filho-deve-ajudar-em-casa-tome-nota-destas-dicas>. ACESSO EM: JULHO DE 2017.

A) NO LUGAR ONDE VOCÊ MORA, QUEM COSTUMA ARRUMAR A CASA?

B) PINTE NO QUADRO AS TAREFAS QUE VOCÊ COSTUMA FAZER EM SUA CASA.

C) ESCREVA ALGUMAS RESPONSABILIDADES QUE VOCÊ TEM NO LUGAR ONDE MORA.

.................................................................................................

.................................................................................................

.................................................................................................

# FAZENDO HISTÓRIA!

## FAMÍLIA SEMPRE

VOCÊ CONHECE A HISTÓRIA DA SUA FAMÍLIA? A SUA HISTÓRIA E A DOS SEUS FAMILIARES PODE SER CONHECIDA BUSCANDO PISTAS QUE REVELEM INFORMAÇÕES SOBRE O PASSADO. CHAMAMOS ESSAS PISTAS DE **FONTES HISTÓRICAS**.

OBSERVE AS FOTOGRAFIAS E CONHEÇA A FAMÍLIA FRÓES FAGUNDES.

Reprodução/Acervo particular

VANINI FAGUNDES E DINÁH FRÓES SE CASARAM EM 1941 E FORAM MORAR NA CIDADE DE PORTO ALEGRE, NO RIO GRANDE DO SUL.

Reprodução/Acervo particular

O CASAL FORMOU UMA GRANDE FAMÍLIA, COM CINCO FILHOS. NAQUELA ÉPOCA, FAMÍLIAS NUMEROSAS ERAM COMUNS. FOTO DA DÉCADA DE 1950.

Reprodução/Acervo particular

HOJE, OS PARENTES DESSA GRANDE FAMÍLIA VIVEM EM DIFERENTES LUGARES DO BRASIL. ELES SE REÚNEM PARA COMEMORAR ANIVERSÁRIOS, CASAMENTOS E PARA OUTRAS CELEBRAÇÕES. FOTO DE 2015.

FOTOGRAFIAS, ROUPAS, DIÁRIOS, OBJETOS, CARTAS E DOCUMENTOS PESSOAIS SÃO EXEMPLOS DE FONTES HISTÓRICAS. CONVERSAR COM AVÓS, BISAVÓS, TIOS E OUTROS PARENTES MAIS VELHOS TAMBÉM É UM JEITO DE CONHECER A HISTÓRIA DE UMA FAMÍLIA.

**1** **QUANTOS FILHOS DINÁH E VANINI TIVERAM?**

**2** **LIA É A FILHA DO CASAL QUE TEVE MAIS FILHOS: 3 FILHAS. QUE MUDANÇA VOCÊ PERCEBE EM RELAÇÃO AOS PAIS DELA?**

**3** **SE VOCÊ ESTIVESSE PESQUISANDO A HISTÓRIA DA SUA FAMÍLIA, QUEM ESCOLHERIA PARA ENTREVISTAR? POR QUÊ?**

**4** **NAS FAMÍLIAS, É COMUM AS PESSOAS GUARDAREM OBJETOS QUE REMETEM A MOMENTOS IMPORTANTES DA HISTÓRIA DE PESSOAS QUERIDAS. LEIA O DEPOIMENTO DE BETHINA FRÓES, QUE NASCEU NO ANO DE 1943.**

> QUANDO MINHA AVÓ CHEGOU AO BRASIL, EM 1913, VINDA DA ITÁLIA, TROUXE ALGUNS OBJETOS DE FAMÍLIA, COMO JOIAS, FOTOGRAFIAS, CARTAS E ALGUNS LIVROS.
>
> HAVIA UMA JOIA ESPECIAL DA QUAL ELA NUNCA SE SEPARAVA: UMA CORRENTE DE OURO DE NOSSA SENHORA DE CARAVAGGIO, QUE ELA TRAZIA SEMPRE JUNTO AO PEITO COMO FORMA DE PROTEÇÃO.
>
> HOJE, ESSA JOIA PERTENCE A MIM, E SEMPRE QUE A VEJO TENHO BOAS RECORDAÇÕES DA MINHA QUERIDA AVÓ ELVIRA.
>
> DEPOIMENTO DE BETHINA FRÓES ESPECIALMENTE PARA ESTA OBRA.

- POR QUE A JOIA DE DONA ELVIRA PASSOU A SER IMPORTANTE PARA A FAMÍLIA? QUE OUTROS OBJETOS PODEM AJUDAR A CONTAR A HISTÓRIA DE UMA FAMÍLIA?

# ROTINA FAMILIAR

TODOS OS DIAS, AS FAMÍLIAS CUMPREM UMA ROTINA DE COMPROMISSOS: CUIDADOS COM A CASA, TRABALHO, ESTUDO, LAZER, ALIMENTAÇÃO, ENTRE OUTROS.

ENTRE OS INDÍGENAS NÃO É DIFERENTE. VEJA A SEGUIR COMO É O DIA A DIA NA ALDEIA AIHA, EM MATO GROSSO, ONDE VIVEM OS INDÍGENAS DA ETNIA KALAPALO.

PELA MANHÃ, AS CRIANÇAS KALAPALO VÃO PARA A ESCOLA. ALÉM DO PORTUGUÊS, ESTUDAM SUA LÍNGUA NATIVA E APRENDEM SOBRE A NATUREZA E O TERRITÓRIO ONDE VIVEM.

Thomaz Pedro/Verônica Monachini/ Acervo dos fotógrafos

ENQUANTO ISSO, AS MULHERES KALAPALO COLETAM FRUTAS E CUIDAM DO **PREPARO DA MANDIOCA**, E OS HOMENS SAEM PARA **PESCAR** OU CUIDAR DA ROÇA DE MANDIOCA.

Sergio Ranalli/Pulsar Imagens

POR CONSIDERAREM OS ANIMAIS TERRESTRES SERES ESPECIAIS, OS KALAPALO SE ALIMENTAM BASICAMENTE DE PEIXE, **MANDIOCA**, **PEQUI** E FRUTAS.

Palê Zuppani/ Pulsar Imagens

1 A ROTINA DE MUITOS POVOS INDÍGENAS INCLUI ATIVIDADES LIGADAS À NATUREZA. ESCREVA UMA DELAS NO CADERNO.

2 COMPARE SUA ROTINA COM A DOS INDÍGENAS. APONTE EXEMPLOS DE SEMELHANÇAS E DIFERENÇAS.

3 PENSE NA SUA ROTINA DIÁRIA. REGISTRE NO CADERNO AS ATIVIDADES QUE VOCÊ REALIZA.

FONTE DAS INFORMAÇÕES: HERRERO, MARINA; FERNANDES, ULYSSES (ORG.). **JOGOS E BRINCADEIRAS NA CULTURA KALAPALO**. SÃO PAULO: EDIÇÕES SESC, 2010; INSTITUTO SOCIOAMBIENTAL. **KALAPALO**. DISPONÍVEL EM: <PIB.SOCIOAMBIENTAL.ORG/PT/POVO:KALAPALO>. ACESSO EM: 20 ABR. 2018.

AS BRINCADEIRAS FAZEM PARTE DA VIDA DOS KALAPALO, INCLUSIVE DOS ADULTOS. À TARDE, DEPOIS DE AJUDAR OS PAIS NAS TAREFAS DE CASA, MENINOS E MENINAS BRINCAM, TODOS JUNTOS OU SEPARADOS.

À NOITE, AS FAMÍLIAS SE REÚNEM AO REDOR DA FOGUEIRA PARA CONVERSAR, CONTAR E OUVIR HISTÓRIAS, CANTAR E DANÇAR.

Ilustrações: Mariana Coan

Thomaz Pedro/Verônica Monachini/ Acervo dos fotógrafos

Renato Soares/Pulsar Imagens

Sergio Ranalli/Pulsar Imagens

# VAMOS RETOMAR

**1** **COMPLETE O TEXTO COM AS PALAVRAS ADEQUADAS.**

ÁRVORE GENEALÓGICA    FAMÍLIA

FAZEM PARTE DA ..........................................................: PAIS, FILHOS, IRMÃOS, AVÓS, TIOS, PRIMOS E OUTRAS PESSOAS. A .......................................................................................... É UMA FORMA DE SE REPRESENTAR UMA FAMÍLIA.

**2** **ASSINALE AS FRASES VERDADEIRAS.**

Fernando Favoretto/Criar Imagem

DIFERENTES GERAÇÕES EM UMA FAMÍLIA NA CIDADE DE SÃO PAULO. FOTO DE 2016.

- [ ] CADA FAMÍLIA TEM SUA HISTÓRIA E UMA FORMA DE SE ORGANIZAR E VIVER.
- [ ] EM UMA FAMÍLIA AS PESSOAS TÊM DE SER TODAS IGUAIS.
- [ ] AS PESSOAS MAIS VELHAS PODEM AJUDAR A CONHECER A HISTÓRIA DA FAMÍLIA.

3 COMPLETE O QUADRO COM INFORMAÇÕES DE TRÊS PESSOAS QUE COMPÕEM A SUA FAMÍLIA.

| NOME | PARENTESCO | TAREFA QUE REALIZA EM CASA |
|---|---|---|
| ............<br>............ | ............<br>............ | ............<br>............ |
| ............<br>............ | ............<br>............ | ............<br>............ |
| ............<br>............ | ............<br>............ | ............<br>............ |

4 ESCOLHA UMA FOTOGRAFIA DE SUA FAMÍLIA EM QUE VOCÊ APAREÇA.

A) QUANTAS PESSOAS APARECEM NELA?

............................................................

B) QUE RELAÇÃO FAMILIAR AS PESSOAS DA FOTOGRAFIA TÊM COM VOCÊ?

............................................................

............................................................

C) DAQUI A 50 ANOS, QUE PISTAS PODERÃO SER USADAS PARA SABER SE SUA FOTOGRAFIA É ATUAL OU DO PASSADO?

............................................................

............................................................

............................................................

**5** AS FRASES A SEGUIR SÃO FALSAS. LEIA-AS COM ATENÇÃO. EM SEGUIDA, REESCREVA-AS, FAZENDO MODIFICAÇÕES PARA QUE FIQUEM VERDADEIRAS.

DEPOIS DE BRINCAR NÃO É PRECISO ARRUMAR OS BRINQUEDOS.

........................................................................

........................................................................

AS RESPONSABILIDADES EM UMA MORADIA SÃO APENAS DOS ADULTOS.

........................................................................

........................................................................

## VAMOS FALAR SOBRE...

### EMPATIA

Terry Vine/J Patrick Lane/Blend Images/Getty Images

QUANDO NOS COLOCAMOS NO LUGAR DO OUTRO PARA ENTENDER E RESPEITAR SEUS PENSAMENTOS, SENTIMENTOS E EMOÇÕES, ESTAMOS PRATICANDO A EMPATIA. DESSE JEITO, NOS SOLIDARIZAMOS COM O QUE A OUTRA PESSOA SENTE E, ASSIM, TEMOS VONTADE DE AJUDAR.

CONHECER A OPINIÃO DE UMA PESSOA QUE PENSA DIFERENTE DE VOCÊ É UM JEITO DE DEMONSTRAR EMPATIA. OUTRO EXEMPLO É AJUDAR ALGUÉM A RESOLVER UM PROBLEMA.

- **VOCÊ COSTUMA PRATICAR A EMPATIA COM SEUS PAIS, AVÓS E PROFESSORES? E COM SEUS AMIGOS E COLEGAS? CONTE À TURMA E AO PROFESSOR ALGUMA SITUAÇÃO EM QUE VOCÊ DEMONSTROU EMPATIA POR UMA PESSOA. DEPOIS, OUÇA O QUE ELES TÊM A DIZER.**

# AUTOAVALIAÇÃO

| TERMINAMOS A UNIDADE 3! LEIA AS FRASES ABAIXO E FAÇA UM **X** NO DESENHO QUE MELHOR EXPRESSA SUA OPINIÃO SOBRE CADA UMA DELAS. |  |  |  |
|---|---|---|---|
| 1. COMPREENDI QUE HÁ DIFERENTES TIPOS DE FAMÍLIA E SEI IDENTIFICAR AS TRANSFORMAÇÕES NAS FAMÍLIAS AO LONGO DO TEMPO. | | | |
| 2. RECONHEÇO O PAPEL DA FAMÍLIA COMO TRANSMISSORA DE VALORES, HÁBITOS E COSTUMES ÀS NOVAS GERAÇÕES. | | | |
| 3. COMPREENDI A FORMA DE REPRESENTAÇÃO DAS RELAÇÕES DE PARENTESCO EM UMA ÁRVORE GENEALÓGICA. | | | |
| 4. APRENDI A IDENTIFICAR E RECONHECER DIFERENTES ROTINAS FAMILIARES. | | | |

# SUGESTÕES

## PARA LER

- **ESPERANDO MAMÃE**, DE LEE TAE-JUN, EDIÇÕES SM.

  O LIVRO NARRA A HISTÓRIA DE UM MENINO COREANO QUE ESPERA SUA MÃE POR MUITO TEMPO EM UM PONTO DE BONDE.

Reprodução/Edições SM

Reprodução/Editora Formato

- **O FILHO DO MEIO**, DE LÍLIA GRAMACHO CALMON, FORMATO.

  O LIVRO TRATA DOS SENTIMENTOS DO FILHO DO MEIO DE UMA FAMÍLIA. NESSA POSIÇÃO, ELE SE SENTE DESFAVORECIDO EM RELAÇÃO AOS OUTROS IRMÃOS.

UNIDADE

# 4 É hora da brincadeira!

Militão dos Santos/Coleção Particular

**Nesta unidade você vai:**

- Conhecer diferentes tipos de brincadeira e jeitos de brincar.
- Aprender uma brincadeira de origem indígena e uma de origem africana.
- Conhecer alguns brinquedos do passado e do presente.
- Aprender que é possível reaproveitar e reciclar brinquedos usados.

Observe a pintura e converse com os colegas.

1. Qual é o nome dessa obra? E o do artista?
2. Com que brinquedos ou brincadeiras representados na obra você já brincou?

**Brinquedos e brincadeiras**, detalhe da pintura de Militão dos Santos, 2009 (óleo sobre tela, de 50,0 cm × 40,0 cm).

Militão dos Santos/Coleção Particular

# Hora de brincar

Leia
Brinquedos e brincadeiras

Quais brincadeiras você conhece? E de quais costuma brincar com seus amigos?

Leia a letra da canção com os colegas e o professor. Ela foi escrita por Rubinho do Vale, cantor e compositor mineiro do Vale do Jequitinhonha.

## Canção das brincadeiras II

Quem quer brincar de roda,
Jogar peteca ou dançar quadrilha,
Brincar de pique, pega-pega, esconde-esconde, (bis)
Amarelinha é uma maravilha.
Agora me diga quem foi que bolou (bis)
O diabolô, bilboquê e ioiô.
Tem cobra-cega e gata-pintada, (bis)
Forninho de bolo, futebol e queimada.
Quem quer brincar de esconder, (bis)
De rebolar com bambolê.
Eu vou tirar na sorte o capitão, (bis)
Depois vou pular corda e jogar pião.
Bolinha de gude é tão bom jogar, (bis)
Tá quente, tá frio, ninguém vai achar.
Guarda meu anelinho bem guardadinho, (bis)
Chicotinho-queimado não vai bater "ni mim".

Rubinho do Vale. Canção das brincadeiras II.
In: **Enrola-bola**, 1998.

Biry Sarkis/Arquivo da editora

1. Na letra da canção, contorne o nome de um brinquedo ou de uma brincadeira que você não conhece. Pesquise para saber como se brinca.

2. "Tá quente, tá frio, ninguém vai achar." O que indica essa frase na canção?

..............................................................................................................

..............................................................................................................

..............................................................................................................

..............................................................................................................

3. Escreva uma brincadeira citada na canção com que você pode brincar:

- sozinho

  ..............................................................................................................

- em dupla

  ..............................................................................................................

- em grupo

  ..............................................................................................................

4. Pinte duas brincadeiras citadas na canção de acordo com a legenda.

(verde) Brincar ao ar livre

(amarelo) Brincar dentro de casa

5. Escolha uma brincadeira bem conhecida na região onde você vive.

a) No caderno, escreva as seguintes informações sobre essa brincadeira: nome, material necessário e regras.

b) Escolha algumas brincadeiras e divirta-se com os colegas!

Biry Sarkis/Arquivo da editora

**6** **Na vida diária temos de organizar o tempo. Tem hora para estudar, hora para brincar, hora para comer e hora para descansar.**

a) Como você sabe quando está na hora da brincadeira?

b) Pinte os relógios de acordo com sua rotina diária. Use as cores da legenda abaixo.

hora de estudar | hora de almoçar | hora de brincar | hora de dormir

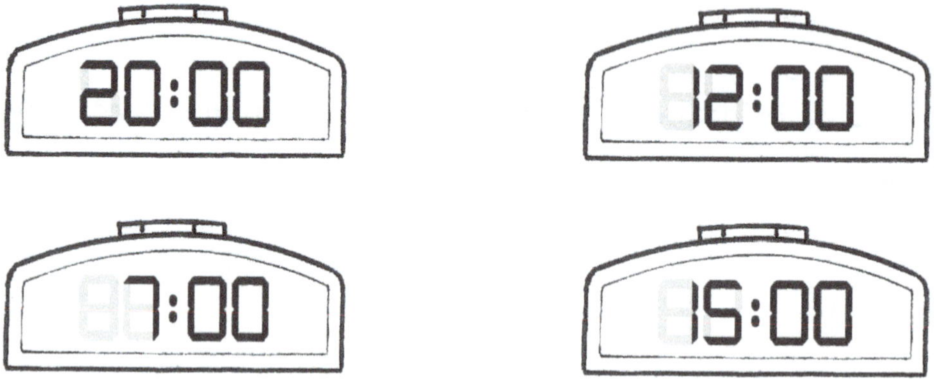


Nid Arts/Arquivo da editora

**7** **Leia o texto com um colega. Depois, responda às questões.**

Há milhares de anos os seres humanos faziam bonecos de barro, madeira ou marfim. As bolinhas de gude eram feitas de pedras semipreciosas. As bonecas já foram feitas de papel, borracha, massa e pano.

Geralmente, os brinquedos eram feitos por familiares ou por artesãos.

Segundo a historiadora Mary del Priore, em 1845 havia doze lojas de brinquedos no Brasil. A mais famosa delas chamava-se Ao Paraíso das Crianças.

Atualmente, são muitas as lojas de brinquedos e há regras para a fabricação e a comercialização deles.

Biry Sarkis/Arquivo da editora

a) Antigamente, quem fazia os brinquedos?

b) Sublinhe no texto as expressões que indicam tempo.

# Jeitos de brincar

Brincar é muito mais do que apenas se divertir. Quando brincamos, aprendemos a combinar regras, a conviver com as pessoas, a participar, a ganhar, a perder.

**Leia**

**Superlivro de jogos e brincadeiras – Turma da Mônica**

## *Datist'wape*

Entre os Xavante, índios que vivem no Mato Grosso, há uma brincadeira muito gostosa. Ela se chama *datist'wape*, meninos e meninas brincam. Sabem como é? Uns devem subir nos ombros dos outros e travar uma batalha na água. Vencem aqueles que derrubarem a dupla adversária.

Daniel Munduruku. **Coisas de índio**: versão infantil. São Paulo: Callis, 2010. p. 44.

Fabio Colombini/Acervo do fotógrafo

Os indígenas do povo kalapalo, na aldeia Aiha, também brincam de *datist'wape*. Parque Indígena do Xingu, no estado de Mato Grosso. Foto de 2011.

## Mamba

— Oi! Meu nome é Mokone. Aqui, na África do Sul, um dos jogos mais apreciados é o da mamba, nome de uma cobra venenosa, de corpo comprido e muito veloz.

Nessa brincadeira, um menino ou menina é escolhido para ser a serpente. Os outros participantes têm de fugir da cobra, mas não podem sair de um grande círculo desenhado no chão.

Assim que a mamba pega um dos fujões, este coloca as mãos no ombro do que desempenha o papel da cobra e passa a ser parte do corpo da serpente.

A perseguição continua até todos formarem uma longa cauda.

Rogério Andrade Barbosa. **Ndule ndule**: assim brincam as crianças africanas. São Paulo: Melhoramentos, 2011. p. 4.

1. Na região em que você vive, há alguma brincadeira parecida com a *datist'wape*?

- Você já brincou dessa brincadeira? Com quem? Onde?

.......................................................................................................................

2. Explique o nome do jogo de origem africana: mamba.

.......................................................................................................................

.......................................................................................................................

- Na região em que você vive, há alguma brincadeira semelhante? Qual?

.......................................................................................................................

3. Associe o número da imagem à legenda da brincadeira correspondente.

Fernando Favoretto/Criar Imagem

Cidade de São Paulo, no estado de São Paulo. Foto de 2014.

Adriano Kirihara/Pulsar Imagens

Cidade de Presidente Prudente, no estado de São Paulo. Foto de 2017.

Edson Grandisoli/Pulsar Imagens

Cidade de Araçoiaba da Serra, no estado de São Paulo. Foto de 2015.

Fernando Favoretto/Criar Imagem

Cidade de São Paulo, no estado de São Paulo. Foto de 2013.

☐ Criança no balanço, brinquedo muito comum em condomínios de prédios e em praças.

☐ Crianças em casa jogando *videogame*.

☐ Crianças brincando de bater figurinha.

☐ Crianças nadando em uma piscina.

4 **Pense em um brinquedo de que você gosta muito. Talvez daqui a cem anos ele ajude as pessoas a entender como as crianças de hoje brincam.**

a) Recorte e cole imagens desse brinquedo ou faça um desenho dele.

b) Como você se sente quando brinca com seu brinquedo favorito?

## Vamos falar sobre...

### Reaproveitamento e reciclagem de brinquedos

Sabe aquele brinquedo que foi especial para você, mas com o qual você não brinca mais? Você sabia que ele pode ser reaproveitado em vez de jogado fora? Brinquedos em bom estado podem ser doados, para que outras crianças brinquem com eles. Os brinquedos quebrados podem ser consertados em oficinas especializadas ou, ainda, podem ser descartados em postos de reciclagem.

Também é possível reunir as crianças do bairro ou da escola e realizar uma feira de trocas, para que todos troquem entre si os brinquedos que não usam mais.

- **Organize com os colegas e o professor uma feira de trocas de brinquedos usados. Vocês podem convidar outras turmas para participar dela.**

## Brinquedo tem história

O mané-gostoso é um boneco feito de madeira, com braços amarrados em um cordão preso entre duas varetas de madeira. Conforme as varetas são apertadas, o boneco se move, anda, dança e dá cambalhotas.

O boneco foi criado em 1940 por Otávio José da Silva, um menino de apenas 10 anos, que nem imaginava que sua criação se tornaria tão popular.

Durante muito tempo, era comum as crianças se divertirem com esse brinquedo vendido na feira de Caruaru, em Pernambuco.

**Mané-gostoso**, de Alfredo Volpi, 1953 (têmpera sobre tela, de 96,3 cm × 32,5 cm).

1 Quem criou o brinquedo mané-gostoso?

..............................................................

..............................................................

..............................................................

- Em que ano ele foi criado?

..............................................................

..............................................................

2 **Observe a pintura da página anterior e leia a legenda. Agora, faça as atividades.**

a) Qual é o título da obra?

b) Qual é o nome do autor?

c) Pinte na legenda o ano em que a obra foi feita.

3 **Leia um trecho do depoimento de Ananias Pereira de Sousa, nascido em Acajutiba, no estado da Bahia, em 1943.**

> Eu brincava de tanta brincadeira, corre, pega-pega, esconde-esconde, bandido, caçar passarinho, corria a cavalo, brincadeira de roda no **terreiro**, pipa. Gangorra, balanço, bola de gude, cavalo de pau, a minha brincadeira predileta, da qual eu era especialista, era jogar pião.
>
> Eu jogava pião até cair no chão, aparava na mão. Até na unha meu pião rodava, minha unha era até furada do prego do pião. [...]
>
> Ananias Pereira de Sousa. Centro de Referência em Educação Mario Covas. Disponível em: <www.crmariocovas.sp.gov.br/pdf/ananias.pdf>. Acesso em: julho de 2017.

**terreiro:** pequeno quintal de terra batida.

a) Escreva o nome de duas brincadeiras citadas no depoimento e de que você também brinca.

b) Sublinhe e copie o nome da brincadeira de que Ananias mais gostava.

c) Dê a sua opinião sobre brincar de caçar passarinho.

# Vamos retomar

**1** Crie perguntas para adivinhar o brinquedo preferido de seu colega.

**Atenção:** ele só pode responder **sim** ou **não**.

Veja algumas sugestões de perguntas:

Biry Sarkis/Arquivo da editora

- É para brincar sozinho?
- É jogado em equipe?
- É comprado em loja?
- Foi feito por você?
- Tem um igual na classe?
- É para brincar no pátio?

**2** Ligue a imagem ao tipo de brinquedo representado nela.

G. Evangelista/Opção Brasil

Valentina Proskurina/Shutterstock

Nadiia Korol/Shutterstock

- Brinquedo de tecido
- Brinquedo de madeira
- Brinquedo de sucata

**3** Leia as afirmativas e indique **V** para as verdadeiras e **F** para as falsas.

☐ Alguns brinquedos existem há muito tempo e foram se modificando, como é o caso da boneca.

☐ Só as crianças que moram no campo brincam ao ar livre.

☐ Os brinquedos servem só para divertir; não aprendemos com eles.

☐ Os brinquedos também são fontes históricas e nos contam um pouco de sua época.

## Autoavaliação

Terminamos a unidade 4! Leia as frases abaixo e faça um **X** no desenho que melhor expressa sua opinião sobre cada uma delas.

| | | | |
|---|---|---|---|
| 1. Conheci diferentes tipos de brincadeira e jeitos de brincar. | | | |
| 2. Aprendi uma brincadeira de origem indígena e uma de origem africana. | | | |
| 3. Conheci alguns brinquedos do passado e do presente. | | | |
| 4. Aprendi que é possível reaproveitar e reciclar brinquedos usados. | | | |

## Sugestões

### Para ler

- **Brinquedos e brincadeiras,**
  de Nereide Schilaro Santa Rosa, Moderna.
  O livro trata da história de brinquedos antigos e atuais e também apresenta obras de diversos artistas que representaram brincadeiras.

Reprodução/Editora Moderna

- **Superlivro de jogos e brincadeiras – Turma da Mônica**, de Mauricio de Sousa, Girassol.
  As páginas desse livro são tabuleiros para jogar e brincar. O livro ainda ensina regras e como jogar, para que, brincando, todos entendam que ganhar e perder faz parte do dia a dia.

Reprodução/Editora Girassol

UNIDADE

# 5 Um lugar para morar

**Nesta unidade você vai:**

- Reconhecer as moradias como uma necessidade dos seres humanos.
- Comparar diferentes tipos de moradia e identificar semelhanças e diferenças entre eles.
- Perceber que as moradias se modificam ao longo do tempo.
- Compreender que a existência de serviços públicos melhora as condições de vida e muda a paisagem.

Converse com os colegas e o professor.

1. O que você observa na fotografia?
2. Imagine como é viver em uma casa como essas. Na sua opinião, quais são as diferenças e as semelhanças em relação à casa em que você mora?
3. Quando as pessoas mudam de um lugar para outro, que sentimentos podem surgir?
   - Por que as pessoas se sentem dessa maneira?
4. Que motivos levam as pessoas a mudar de casa?

Uma casa flutuante pode ser movimentada pela água e mudar de um lugar para outro. Na foto, casas flutuantes construídas no lago Tonle Sap, no Camboja, em 2017.

Goddard_Photography/Getty Images

# Quem mora aqui?

Na sua opinião, por que todas as pessoas precisam de um lugar para morar?

Todas as pessoas precisam de um lugar para morar, onde possam descansar, alimentar-se, proteger-se e conviver com familiares e amigos.

**Se essa rua fosse minha**

[...] Se essa rua fosse minha,
Seria toda colorida.
Teria casa amarela,
Casa vermelha,
Lilás, azul e laranja.
[...] teria casa verde,
Porque o verde é a cor da esperança. [...]

Eduardo Amos. **Se essa rua fosse minha**.
São Paulo: Moderna, 2002. p. 7.

Biry Sarkis/Arquivo da editora

1 Sublinhe no texto o que torna a rua colorida.

2 Se essa rua fosse sua, como ela seria?

## 3 Observe as ilustrações e complete as frases com os nomes corretos.

Biry Sarkis/Arquivo da editora

Gabriel

Biry Sarkis/Arquivo da editora

Carla

a) A casa de .................................................... é adaptada para pessoas com deficiência.

b) .................................................... mora em uma casa na beira do mar.

**Leia**

**Casas**

## 4 Acompanhe a leitura do texto e observe a fotografia.

Há pessoas que vivem em moradias precárias, pois não têm condições de construir suas moradias de forma adequada e acabam usando o material que encontram no lugar em que vivem.

Existem também famílias que vivem em barcos, que encalham quando as águas do rio baixam.

Bruno Kelly/Reuters/Latinstock

Família vivendo em condições precárias em casa-barco encalhada na região de Manaus, no estado do Amazonas. Foto de 2015.

- Converse com os colegas: Por que situações como essa acontecem?

# Fazendo História!

## A casa de cada um

Leia
Minha casa – Da parede ao teto

Você conhece a história da sua moradia? Acompanhe a leitura do depoimento de dona Lucíola, que durante 38 anos viveu com a família na mesma casa.

Em 1964, quando fiquei grávida do sétimo filho, meu marido e eu decidimos mudar com a família para uma casa maior.

A casa que escolhemos havia sido construída há 6 anos, mas até então ninguém havia morado nela. Ficava numa rua tranquila e acomodava bem a família: tinha 2 salas, 4 quartos e um quintal enorme para a criançada brincar. Aos poucos fomos organizando e colocando nossas marcas nesse novo lar.

Sete anos depois fizemos a primeira reforma, pois a família aumentou. Eram 8 filhos: 5 meninas e 3 meninos, além de meu marido e eu. Nessa reforma ampliamos os quartos e construímos um salão, pois a casa vivia cheia e os adolescentes precisavam de um lugar para receber os amigos.

Conforme os anos iam passando a casa foi sendo modificada. Os filhos foram, alguns voltaram, chegaram os netos, os bisnetos, até que, em 2002, foi vendida. Hoje, quando passo em frente a ela, parece que ouço as risadas e as conversas que durante tanto tempo encheram a casa de vida e alegraram meu coração.

Depoimento de Lucíola de B., especialmente para esta obra.

Casa de dona Lucíola em São Paulo, no estado de São Paulo, em 1964.

Haruo Ohara/Acervo do Instituto Moreira Salles

**1** **Sublinhe no texto o trecho que explica por que a família mudou de casa em 1964.**

2 Que tipos de marca uma família deixa na casa em que vive?

3 Com a ajuda de um adulto, escreva no caderno um texto sobre sua moradia e sua família. Siga as orientações do professor.

4 Observe as fotografias e responda às questões.

Rua dos Andradas, em Porto Alegre, no estado do Rio Grande do Sul, na década de 1890.

Coleção particular/Arquivo da editora

Rua dos Andradas, em 2016.

Gerson Gerloff/Pulsar Imagens

a) Qual das fotografias é mais antiga?

b) Que mudanças ocorreram nas construções dessa rua?

c) Por que isso aconteceu? Converse com os colegas.

# As primeiras moradias

**A ilustração desta página é uma representação atual de como os primeiros grupos humanos viviam. No que esse modo de viver é diferente do seu?**

Os primeiros grupos humanos eram **nômades**. Para se abrigar e se proteger, instalavam-se em locais como cavernas, copas de árvores ou tendas feitas de galhos e cobertas de folhas ou de pele de animais.

**nômade:** que não tem habitação fixa.

As pessoas viviam da caça, da pesca e da coleta de frutos e raízes.

Quando os seres humanos aprenderam a cultivar a terra e a criar animais, tornou-se possível permanecer em um mesmo local por muito tempo. Isso também era necessário para que pudessem cuidar de suas plantações e de seus animais.

Nesses locais, então, as pessoas passaram a construir abrigos mais seguros e sólidos, feitos de pedra, barro e outros materiais.

Biry Sarkis/Arquivo da editora

1 Complete o quadro com as informações do texto.

| | Alimentação | Moradia |
|---|---|---|
| **Grupos sem moradia fixa** | | |
| **Grupos com moradia fixa** | | |

2 Observe a imagem.

Everett Collection/Grupo Keystone

Cena do desenho animado **Os Flintstones**, criado por William Hanna e Joseph Barbera, 1960-1966.

a) Que materiais foram usados na construção dessa casa?

b) Essa família tem uma moradia fixa?

c) As pessoas dessa família sabem cultivar a terra e criar animais?

**3** Leia a manchete.

> **Mutirão reforma casa danificada por obras do metrô**

a) Por que a casa está sendo reformada?

..............................................................................................................................

..............................................................................................................................

b) Que outros motivos levam uma família a reformar sua moradia?

..............................................................................................................................

..............................................................................................................................

## Vamos falar sobre...

### Casas sustentáveis

Você sabe o que são casas sustentáveis? São aquelas construídas com materiais menos agressivos ao meio ambiente. Essas casas utilizam a energia solar e a água da chuva, e têm **tetos verdes**, isto é, tetos que podem funcionar como jardim ou horta, entre outras possibilidades.

Edson Grandisoli/Pulsar Imagens

Casa com teto verde em Domingos Martins, no estado do Espírito Santo, em 2014.

- **Converse com os colegas: Por que atualmente cresce a preocupação com o uso de casas e construções sustentáveis?**

# Vamos retomar

**1** **Leia o depoimento de Nilza M. da Silva, que foi criada em um orfanato na cidade de São Bernardo do Campo, no estado de São Paulo. Lá, ela viveu dos 6 aos 18 anos.**

> Era uma casa muito boa, grande. Acho que eu nunca imaginei morar numa casa dessas, como até hoje ainda não tive uma casa dessas. Então, tinha cinco quartos, tinha o quarto das meninas, que eram três meninas em cada quarto, tinha o quarto dos meninos e tinha o quarto da tia. Tinha a sala de estar, tinha a sala de jantar, tinha dois banheiros grandes, tinha o pequeno, tinha sótão, tinha quintal, tinha jardim. [As brincadeiras] Eram corda, cirandinha, era dominó, tinha o parquinho lá dentro também, que a gente brincava muito, os balanços, escorregador. Brincava de corre cotia, cabra-cega, cobra-cega.
>
> Disponível em: <www.museudapessoa.net/pt/conteudo/historia/moro-no-apartamento-5129>. Acesso em: março de 2018.

a) Sublinhe no texto o trecho que conta como eram a casa e as brincadeiras da menina.

b) A casa e as brincadeiras da menina são diferentes ou parecidas com sua casa e suas brincadeiras?

**2** **Dê exemplos de diferentes tipos de moradia.**

..........

..........

..........

..........

..........

..........

..........

**3** **Observe e compare as duas fotografias.**

**1**

Cruzamento da avenida Nazaré com a travessa Quintino Bocaiuva, em Belém, no estado do Pará, cerca de 1910.

**2**

O mesmo cruzamento retratado na fotografia ao lado aparece nesta, de 2015.

a) Qual é a fotografia mais antiga? Por quê?

..........................................................................................

..........................................................................................

b) Marque a alternativa correta.

- [ ] Podemos perceber que a avenida se modificou ao longo do tempo.
- [ ] A avenida permaneceu inalterada, ou seja, não houve mudanças marcantes ao longo do tempo.

**4** **E como é a rua onde você mora? Ela se parece com alguma das ruas que você viu nesta unidade? Faça um desenho dela.**

## Autoavaliação

Terminamos a unidade 5! Leia as frases abaixo e faça um **X** no desenho que melhor expressa sua opinião sobre cada uma delas.

| |  |  |  |
|---|---|---|---|
| 1. Reconheço as moradias como uma necessidade dos seres humanos. | | | |
| 2. Aprendi a comparar diferentes tipos de moradia e a reconhecer semelhanças e diferenças entre eles. | | | |
| 3. Reconheço que as moradias se modificam ao longo do tempo. | | | |
| 4. Entendi que a existência de serviços públicos melhora as condições de vida e muda a paisagem. | | | |

## Sugestões

### Para ler

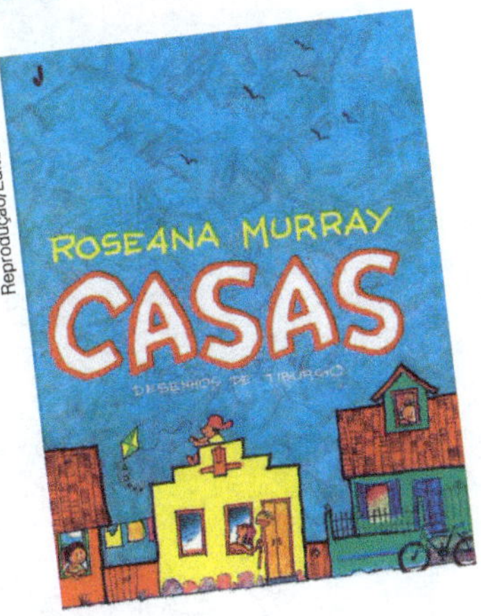

Reprodução/Editora Formato

- **Casas, de Roseana Murray, Formato.**
  Os poemas deste livro apresentam diferentes tipos de casa: casa de avó, casa de amigo, casa mal-assombrada, casa de vizinho, casa maluca, entre muitas outras!

Reprodução/Cereja Editora

- **Minha casa – Da parede ao teto, de Lisa Bullard, Cereja Editora.**
  Uma casa tem chão, paredes, teto, janela e porta. Será? Podem existir casas dos mais diferentes tipos, mas a melhor casa é onde estão as pessoas que você ama!

# 6 Que fome!

**Nesta unidade você vai:**

- Conhecer diferentes hábitos alimentares.
- Descobrir que os hábitos alimentares e as formas de produzir alimentos mudam no decorrer do tempo.
- Entender a importância da descoberta do fogo para a alimentação dos seres humanos.
- Reconhecer a influência de outros povos na culinária brasileira.

Lucas Lacaz Ruiz/Fotoarena

Com os colegas e o professor, analise a fotografia e leia o título da unidade.

1. Que tipo de produto está exposto nesse mercado?
2. Que produtos sua família levaria para casa se fosse fazer compras nesse mercado?
3. Na sua opinião, por que é importante tratar de alimentos em um livro de História?

Detalhe de uma banca do Mercado Municipal de São José dos Campos, no estado de São Paulo. Foto de 2014.

# De dar água na boca

Café da manhã, lanche, almoço e jantar. O que esses momentos têm em comum?

Compartilhar refeições com familiares e amigos é um costume social antigo. Os horários das refeições, o tipo de comida e os costumes praticados à mesa variam conforme a origem e a região em que vive cada família.

Biry Sarkis/Arquivo da editora

1 Em uma folha à parte, faça uma lista do que você costuma comer em cada refeição do dia.

2 Você sabe se existe uma receita tradicional na sua família? Um prato que passou de geração em geração, ou seja, da sua bisavó para sua avó e depois para seu pai, por exemplo? Pesquise uma receita tradicional na sua família. Registre em uma folha à parte o nome e a origem do prato e quem ensinou essa receita.

**Leia**

**A receita de sucesso do Sr. Brioche**

3 Observe a pintura e faça as atividades.

**Os comedores de batata**, de Vincent van Gogh, 1885 (óleo sobre tela, de 82 cm × 114 cm). Nesta obra, o artista registrou hábitos alimentares de camponeses da época.

a) O que você observa na imagem?

b) Escreva semelhanças e diferenças entre os hábitos na refeição retratada na imagem e os de sua família.

..........................................................................................

..........................................................................................

..........................................................................................

..........................................................................................

4 **Você já pensou sobre os hábitos alimentares das pessoas no passado? Será que eram parecidos com os nossos? Em grupo, entrevistem uma pessoa idosa para saber mais sobre os hábitos alimentares no passado.**

a) Façam a ela as seguintes perguntas:

- Quando você era jovem, havia a variedade de alimentos que existe hoje?
- Que alimento você costumava comer com mais frequência?
- Que alimentos você não gostava de comer quando criança, mas come hoje?
- Há algum prato tradicional na sua família? Qual é a origem desse prato?

b) Em uma folha à parte, escrevam um texto contando o que descobriram com a entrevista.

# Alimentação em outros tempos

**Você sabe dizer como os primeiros grupos humanos se alimentavam?**

Os primeiros grupos humanos eram nômades. Eles viviam da caça de animais, da pesca e da coleta de frutos e raízes. Pelo tipo de atividade realizada, chamamos esses grupos de caçadores-coletores.

As tarefas eram divididas pelo sexo: os coletores (mulheres) coletavam frutos, raízes e grãos, enquanto os caçadores (homens) pescavam e caçavam. Os alimentos que conseguiam eram divididos entre todos.

Pouco a pouco, observando as sementes germinarem na natureza, os seres humanos aprenderam a plantar. Assim, passaram a cultivar, a colher e a armazenar seus alimentos. Também aprenderam a domesticar alguns animais. Desse modo, eles deixaram de ser nômades e passaram a viver em um lugar fixo para produzirem seus próprios alimentos.

Vagner Coelho/Arquivo da editora

Representação atual de um grupo humano trabalhando a terra para ser cultivada. Esse conhecimento permitiu aos primeiros seres humanos deixar de ser nômades.

1. Sublinhe no texto como os seres humanos obtinham alimentos antes de aprenderem a plantar e a criar animais.

2. Destaque no texto o trecho que explica por que os seres humanos deixaram de ser nômades quando se tornaram produtores dos próprios alimentos.

3. Os seres humanos mantêm até hoje formas de obter alimentos usadas por seus antepassados. Escreva algumas delas.

..........................................................................................................

..........................................................................................................

4. Observe a pintura rupestre e leia a legenda.

PrismaArchivo/Leemage/Agência France-Presse

As pinturas rupestres são registros deixados por seres humanos que viveram há milhares de anos. Na imagem, pintura rupestre de cerca de 6 000 anos atrás em Djabaren, na Argélia. Foto de 2016.

- Descreva o que está representado na imagem e que atividade parece acontecer.

..........................................................................................................

..........................................................................................................

5. Na sua opinião, a vida dos seres humanos melhorou quando eles aprenderam a cultivar seus alimentos e a criar animais? Por quê?

# A importância do fogo

Muito antes de aprender a cultivar seus alimentos, os seres humanos já tinham feito uma importante descoberta que os auxiliava no preparo dos alimentos: como produzir e controlar o fogo.

O uso do fogo melhorou as condições de alimentação, pois permitiu que os alimentos fossem cozidos e assados, evitando que se estragassem com facilidade. Além disso, possibilitou a criação de utensílios para preparar e guardar alimentos, como panelas de barro. Com o controle do fogo, as pessoas podiam se reunir em volta da fogueira e compartilhar as refeições em alguns momentos do dia.

**1** **Como o uso do fogo contribuiu para as atividades dos primeiros grupos humanos?**

..........................................................................................................................

..........................................................................................................................

..........................................................................................................................

..........................................................................................................................

**2** **Observe alguns momentos de uso do fogo na alimentação humana e ordene-os do mais antigo para o mais atual.**

ppart/Shutterstock

Panela ao fogo cozinhando macarrão.

SPL/Latinstock

Representação atual de um grupo humano que viveu há milhares de anos usando fogo para cozinhar carne.

The Granger Collection/Fotoarena

Iluminura presente em manuscrito de cerca de 1257.

## Vamos falar sobre...

### Desperdício de alimentos

Você já pensou na quantidade de alimentos que é desperdiçada todos os anos? Sabia que uma grande quantidade de legumes, frutas e verduras produzidos no Brasil vira lixo? Parte desses alimentos desperdiçados poderia sustentar muitas famílias carentes.

- **Converse com os colegas e apresente sugestões para reduzir o desperdício de alimentos em casa e na escola.**

Danilo Verpa/Folhapress

Aterro sanitário em Caieiras, no estado de São Paulo, em 2015.

# Fazendo História!

## Sabor bem brasileiro

Você sabia que o prato de comida abaixo tem relação com a história do Brasil? Mandioca frita, galinha assada e quiabo ensopado formam uma refeição que retrata as influências de três povos na culinária brasileira: indígenas, portugueses e africanos.

A influência desses povos é marcante na culinária brasileira. Os alimentos fazem parte da tradição de um povo.

A mandioca sempre foi um dos alimentos mais importantes para os povos indígenas do Brasil. Hoje, é utilizada em muitas receitas culinárias.

Cristina Xavier/FinePhoto

Quando chegaram às terras brasileiras, há mais de 500 anos, os portugueses trouxeram muitas novidades, entre elas a galinha, que era desconhecida dos indígenas que aqui viviam.

Foram introduzidos na mesa dos brasileiros muitos ingredientes e sabores do continente africano, como o quiabo.

**1** Leia e organize em grupos os nomes de alimentos e de bebidas de diferentes regiões brasileiras. Siga a cor indicada.

| | | |
|---|---|---|
| Refresco de guaraná | Vatapá | Milho |
| Pão de trigo | Compota doce | Azeite de dendê |
| Tapioca | Pimenta-malagueta | Cozido de carne |

| Norte | Sudeste | Nordeste |
|---|---|---|
| | | |
| | | |
| | | |

**2** **Leia o texto da escritora Ana Holanda sobre as comidas de sua infância.**

Quando eu era criança, nas férias de verão, meus pais colocavam eu e meus dois irmãos no banco traseiro da Caravan, um carro ícone dos anos 70 e 80, que tinha um bagageiro enorme. Íamos de São Paulo a Recife em três longos dias. O aperto, o calor e a impaciência compensavam. Eram dois meses na casa da avó, da tia, na companhia dos primos. Lembro do quintal comprido e arborizado, de terra batida. Tinha pé de caju, jambo, carambola, manga e pitanga – as mais doces que já comi. Me recordo de minha avó Esther com uma bacia de plástico nas mãos me ensinando a colhê-las: "você tem que pegar as mais vermelhas". Sim, eram as mais doces, suculentas e saborosas. Eu não tinha ideia do quanto essa lembrança era forte dentro de mim até que, muitos anos depois, numa viagem a Salvador, provei um sorvete de pitanga. Bastou uma colherada para que eu me lembrasse da sombra das árvores do quintal da minha avó, de sua casa arejada e dos móveis de madeira escura, de seus cabelos ralos e brancos, de seu sorriso desconfiado. [...]

Aquele sorvete de pitanga foi, desse jeito, reencontro. E tinha sabor de saudade, de amor, de sentimento que nunca se acaba, só adormece. A comida causa isso na gente: nos conecta com quem amamos, mesmo quando essa pessoa não está mais aqui – e minha avó Esther se foi há mais de trinta anos.

Ana Holanda. **Cozinha de memórias**. Disponível em: <www.sescsp.org.br/online/artigo/11439_RECEITAS+DE+FAMILIA+COZINHA+DE+MEMORIAS>. Acesso em: abril de 2018.

a) Sublinhe no texto o trecho em que a escritora fala sobre suas lembranças na casa da avó. Quais sentimentos essas lembranças trazem para a autora?

b) E você? Tem alguma comida especial que desperta bons sentimentos? Em uma folha avulsa, faça um desenho que expresse esses sentimentos.

**3** **O acarajé é um prato típico da culinária afro-brasileira. Pesquise uma receita de acarajé e escreva no caderno os ingredientes necessários para o preparo do prato.**

Rubens Chaves/Pulsar Imagens

No Brasil, existe uma profissão feminina ligada ao acarajé. São as baianas do acarajé, mulheres que, em trajes típicos, preparam e vendem esse bolinho nas ruas de Salvador. Desde 2005, o trabalho dessas mulheres é considerado um bem cultural brasileiro. Na foto, baiana do acarajé em Salvador, no estado da Bahia, em 2016.

# Conectando saberes

## Tipos de alimento

Todos os seres humanos necessitam de alimento para viver. E todos os alimentos, de uma forma ou de outra, vêm da natureza. Alimentos que não sofrem alteração depois de tirados da natureza são chamados ***in natura***. São mais saudáveis por serem mais naturais.

Os alimentos que precisam passar por várias etapas para serem produzidos são chamados **industrializados**. Esses alimentos recebem muitos produtos químicos para conservar ou melhorar sua cor e seu sabor. Por isso mesmo, são menos saudáveis. Além disso, a quantidade de lixo gerada na produção e no consumo desses alimentos é maior.

Compare, por exemplo, as diferenças entre o suco de limão caseiro, feito com produtos *in natura* ou pouco industrializados, e o suco de limão industrializado.

Flashgun/Shutterstock

**1** **Retome a lista que você fez, na página 76, com o que costuma comer em cada refeição do dia.**

- Pinte os alimentos de sua lista conforme a legenda:

  *In natura*

  Industrializados

**Leia**

**A cesta de dona Maricota**

**2** **Consumindo alimentos *in natura* ou alimentos industrializados, o resultado é o mesmo: produção de lixo.**

- Observe a produção do suco de limão caseiro e industrializado. Em seguida, responda: Qual dos dois gera maior impacto ao meio ambiente?

..................................................................................................

..................................................................................................

..................................................................................................

**Fonte**: Ministério da Saúde. *Guia alimentar para a população brasileira* – 2ª ed. Disponível em: <bvsms.saude.gov.br>. Acesso em: 8 Fev. 2018.

Ilustrações: Marcello Araújo

# Vamos retomar

**1** **Que tipos de alimento o caçador e o coletor obtinham com sua atividade?**

..................................................................................................................................................

..................................................................................................................................................

**2** **Complete a frase.**

Os seres humanos deixaram de ser nômades quando se tornaram

................................................................ de alimentos.

**3** **Leia o depoimento.**

> Minha bisavó conta que a comida era feita no fogão a lenha. E era uma delícia! As cozinheiras tinham de colocar a lenha no fogão, acender o fogo, apanhar as verduras na horta, matar a galinha, tirar as penas... já pensou? E, naquela época, ninguém nem imaginava um forno micro-ondas.
>
> Nye Ribeiro. **No tempo de meus bisavós**. São Paulo: Editora do Brasil, 2000. p. 8. (Coleção Convívio Social e Ética).

a) Como é o fogão da sua moradia? É parecido com o descrito no texto?

..................................................................................................................................................

..................................................................................................................................................

..................................................................................................................................................

b) Onde sua família obtém as verduras usadas nas refeições?

..................................................................................................................................................

..................................................................................................................................................

c) Na sua opinião, era mais fácil preparar as refeições antigamente ou nos dias de hoje? Explique sua resposta.

..................................................................................................................................................

..................................................................................................................................................

..................................................................................................................................................

# Autoavaliação

| Terminamos a unidade 6! Leia as frases abaixo e faça um **X** no desenho que melhor expressa sua opinião sobre cada uma delas. |  |  |  |
|---|---|---|---|
| 1. Aprendi que existem diferentes hábitos alimentares. | | | |
| 2. Compreendi que os hábitos alimentares e as formas de produzir alimentos mudam no decorrer do tempo. | | | |
| 3. Entendi a importância da descoberta do fogo para a alimentação dos seres humanos. | | | |
| 4. Sei reconhecer a influência de outros povos na culinária brasileira. | | | |

## Sugestões

### Para ler

- **A cesta de dona Maricota,**
  de Tatiana Belinky, Paulinas.
  Essa história divertida estimula a descoberta de frutas e legumes e mostra como esses alimentos proporcionam uma refeição saudável.

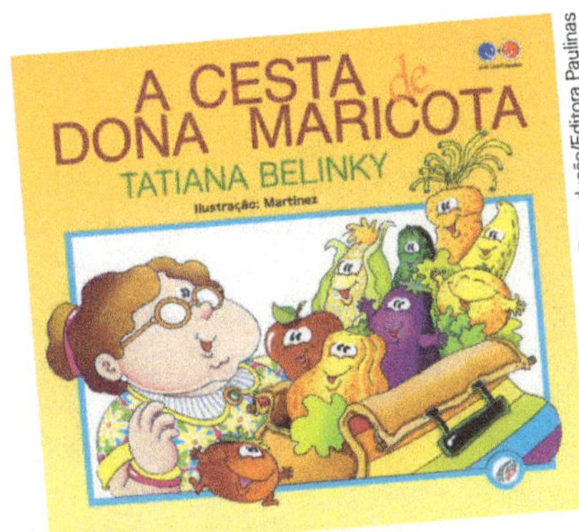

Reprodução/Editora Paulinas

- **A receita de sucesso do Sr. Brioche,**
  de Mahani Siqueira, Memória Visual.
  Desde pequeno, o Sr. Brioche gostava de cozinhar. Quando cresceu, montou um restaurante e se tornou um conhecido cozinheiro. Mas será que seu talento para preparar pratos deliciosos é tão grande quanto a fome de seus clientes?

Reprodução/Editora Memória Visual

# 7 É bom ser criança

**Nesta unidade você vai:**

- Entender a importância dos direitos das crianças e dos adolescentes.
- Conhecer os principais direitos das crianças e dos adolescentes.
- Reconhecer a diferença entre direitos e deveres.
- Conhecer o problema do trabalho infantil no passado e no presente.

Converse com os colegas e o professor sobre as questões.

1. O que está representado na fotografia?
2. Toda criança tem o direito de brincar e se divertir. Na sua opinião, que outros direitos uma criança deve ter?
3. Por que é importante respeitar os direitos da criança?

Menina brinca com bolhas de sabão na Cidade do Cabo, na África do Sul. Foto de 2016.

# Direitos da criança

Acesse
www.plenarinho.leg.br

Você sabia que as crianças e os adolescentes têm direitos especiais? Converse com os colegas sobre esses direitos.

## Declaração dos direitos da criança

Toda criança, independentemente de sexo, cor, raça, religião, origem nacional ou social, ou qualquer outra condição, sua ou de sua família, tem o direito de:

1. Desenvolver-se física, mental, moral, espiritual e socialmente de forma sadia, em condições de liberdade e dignidade.
2. Receber um nome e uma nacionalidade, desde o nascimento.
3. Crescer e criar-se com saúde, tendo alimentação, habitação, recreação, cuidados, proteção e benefícios da previdência social.
4. Brincar e divertir-se.
5. Receber cuidados especiais no caso de incapacidade física, mental ou social.
6. Crescer em ambiente de afeto e segurança, moral e material, propiciado pelos pais e pela sociedade.
7. Receber educação gratuita, em condições de igualdade de oportunidades.
8. Estar entre os primeiros a receber proteção e socorro, em quaisquer circunstâncias.
9. Ser protegida contra abandono, violência, tráfico ou exploração pelo trabalho.
10. Ser protegida contra toda e qualquer forma de discriminação, crescendo em ambiente de tolerância e amizade entre os povos.

Texto elaborado com base em: **Declaração dos direitos da criança – 1959**. Disponível em: <www.direitoshumanos.usp.br/index.php/crianca/declaracao-dos-direitos-da-crianca.html>. Acesso em: abril de 2018.

Biry Sarkis/Arquivo da editora

Há mais de 50 anos, países do mundo todo assumiram oficialmente o compromisso de defender a infância. A Organização das Nações Unidas (ONU) proclamou a **Declaração dos Direitos da Criança**, um conjunto de medidas que garante às crianças o direito a proteção, alimentação, moradia, educação e lazer.

No Brasil, há um conjunto de medidas e ações elaboradas para proteger as crianças e os adolescentes brasileiros: o **Estatuto da Criança e do Adolescente (ECA)**, publicado oficialmente em 13 de julho de 1990.

**1** **Observe duas situações registradas no Brasil.**

Fernando Favoretto/Criar Imagem

Família reunida para o almoço, na cidade de São Paulo. Foto de 2011.

Hans von Manteuffel/Tyba

Criança limpa vidro de carro em troca de dinheiro, no Recife, no estado de Pernambuco. Foto de 2015.

a) Assinale a imagem que mostra respeito aos direitos das crianças.

b) É possível afirmar que todos os direitos das crianças brasileiras têm sido respeitados? Explique sua resposta.

**2** **Leia o artigo do Estatuto da Criança e do Adolescente (ECA).**

> Art. 2º Considera-se criança, para os efeitos desta Lei, a pessoa até doze anos de idade incompletos, e adolescente aquela entre doze e dezoito anos de idade.
>
> Brasil. **Estatuto da Criança e do Adolescente**. Lei n. 8.069, de 13 de julho de 1990. Disponível em: <www.planalto.gov.br/ccivil_03/leis/l8069.htm>. Acesso em: abril de 2018.

a) De acordo com o artigo, você é criança ou adolescente?

.............................................................................................

b) Quando você tiver 15 anos, também será protegido pelo ECA?

.............................................................................................

3 O direito à saúde é um dos direitos mais importantes das crianças. Do mesmo modo que as plantas precisam de água, luz e atenção para crescer, as crianças precisam receber os cuidados adequados para se desenvolver e aprender. A vacinação das crianças é obrigatória e contribui para protegê-las de uma série de doenças. Portanto, é dever dos pais ou responsáveis levar as crianças para serem vacinadas. Observe as imagens e leia as legendas.

Ministério da Saúde/Governo Federal

Cartaz de campanha de vacinação realizada pelo Ministério da Saúde em 2016.

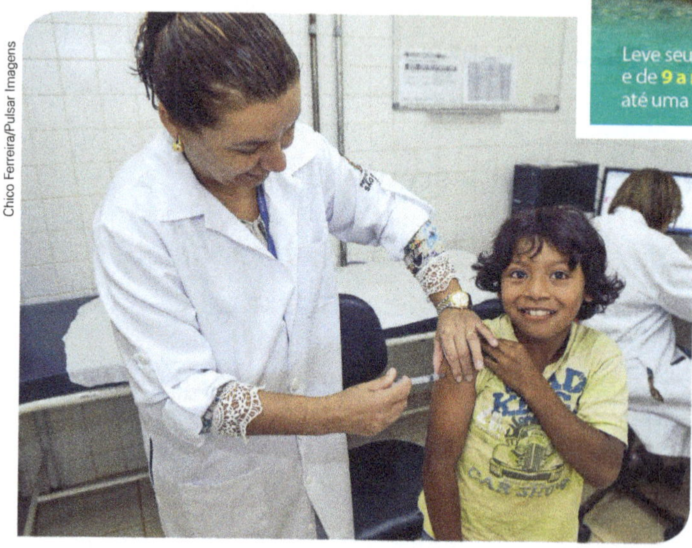

Chico Ferreira/Pulsar Imagens

Agente de saúde aplica vacina em criança indígena da etnia Guarani Mbya na aldeia Tenondé Porã, no estado de São Paulo. Foto de 2016.

- Reúna-se com os colegas e, com base na observação das imagens acima, criem uma campanha sobre a importância da vacinação. Vocês podem elaborar cartazes e expô-los na sala de aula ou na escola.

# Idade de criança, trabalho de adulto

**No lugar onde você vive ainda há crianças que trabalham? O que elas fazem?**

Durante um longo período da história do Brasil, tanto a sociedade quanto os governantes aceitavam que crianças e adolescentes trabalhassem para ajudar suas famílias e aumentar a riqueza do país.

Apesar da lei que proíbe o trabalho infantil desde 2000, ainda há muitas crianças e jovens que trabalham.

Menino trabalhando como jornaleiro na cidade de São Paulo, em 1939.

Hildegard Rosenthal/Acervo do Instituto Moreira Salles

Existem ações que ajudam crianças e adolescentes a ter um desenvolvimento adequado e seus direitos respeitados. Jovens do projeto *Vir à vida no tatame*, na cidade de Leme, no estado de São Paulo, em 2016.

Gentilmente cedida por Icaro Villa/Academia de Judô Gambate

Leia

**Os direitos das crianças segundo Ruth Rocha**

**1** De que assunto trata o artigo da lei a seguir?

> Art. 403 É proibido qualquer trabalho a menores de dezesseis anos de idade, salvo na condição de aprendiz, a partir dos quatorze anos.
>
> Brasil. **Consolidação das Leis do Trabalho (CLT)**. Lei n. 10.097, de 19 de dezembro de 2000, art. 403. Disponível em: <www.planalto.gov.br/ccivil_03/leis/l10097.htm>. Acesso em: abril de 2018.

a) De acordo com a lei, a partir de que idade um adolescente pode trabalhar como um adulto?

b) Você conhece algum menor de 16 anos que trabalha? Sabe como é a rotina dele? Conte aos colegas.

**2** **Leia a entrevista de Flávia, de 8 anos, uma das 30 mil crianças que trabalham na colheita de sisal, na Bahia.**

> — Onde você gosta mais de ir, na escola ou aqui?
>
> "Na escola. Porque na escola aprende ler e escrever."
>
> — E aqui?
>
> "Aqui só faz se furar e cortar palha pra ganhar dinheiro."
>
> — E o que você faz com esse dinheiro?
>
> "Compro coisa pra botar dentro de casa, comida, brinquedo..."
>
> — Dá pra comprar brinquedo? Que brinquedo que você comprou?
>
> "Boneca, urso e casinha."
>
> Neide Duarte. **Trabalho infantil**. Cultura. Disponível em: <www2.tvcultura.com.br/caminhos/11sisal/sisal1.htm>. Acesso em: abril de 2018.

a) No texto, contorne o que a menina faz com o dinheiro que recebe.

b) Dê a sua opinião sobre o fato de Flávia trabalhar com 8 anos.

......................................................................

......................................................................

......................................................................

......................................................................

......................................................................

......................................................................

## Vamos falar sobre...

### Os números do trabalho infantil

O trabalho infantil ainda existe no Brasil. Muitas crianças e adolescentes estão trabalhando em vez de brincar e estudar.

Para enfrentar e combater esse problema, é preciso conhecer o número de crianças e adolescentes que trabalham.

Algumas informações são obtidas por meio de **pesquisas** periódicas que coletam dados de determinados lugares.

1. **Leia o gráfico com os colegas e o professor.**

**Brasil – Pessoas de 10 a 17 anos que trabalham**

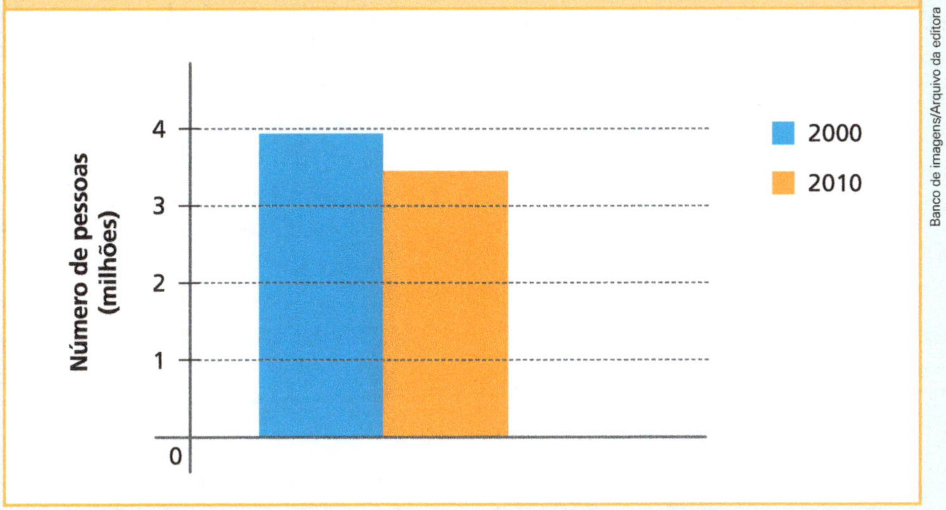


Instituto Brasileiro de Geografia e Estatística (IBGE). **Censo 2010**. Disponível em: <http://censo2010.ibge.gov.br/trabalhoinfantil/outros/graficos.html>. Acesso em: abril de 2018.

a) Sublinhe o título do gráfico.

b) Contorne os anos a que se referem os dados do gráfico.

c) Compare o número de crianças e adolescentes que trabalham no Brasil. O que aconteceu entre 2000 e 2010?

2. **Na opinião de vocês, como crianças e adolescentes podem ter seus direitos garantidos? Troquem ideias e anotem as sugestões de todos. Depois, elaborem um cartaz com as atitudes que vocês acreditam que podem ser tomadas para que crianças e adolescentes tenham seus direitos garantidos.**

# Fazendo História!

## Criança também contribui

Estar informado sobre seus direitos é fundamental para participar e atuar na sociedade. Além dos direitos, todos nós temos deveres. Vamos conhecer alguns?

**Crianças e adolescentes primeiro!** Disponível em: <www.crianca.mppr.br/arquivos/File/publi/anadep/cartilha_defensor_publico.pdf>. Acesso em: abril de 2018.

Em qualquer ambiente de convivência – família, escola, praça, clube, comunidade, cidade ou país –, seus direitos e deveres deverão ser respeitados e praticados.

**1** **Na imagem acima, contorne um direito e um dever relacionados à escola.**

**2** Leia com atenção as frases a seguir. No espaço correspondente, escreva **di** para direitos e **de** para deveres.

- [ ] Ser atendido pelo médico.
- [ ] Estudar em uma escola.
- [ ] Jogar a sujeira no lixo.
- [ ] Atravessar na faixa de pedestres.
- [ ] Brincar com os amigos.
- [ ] Arrumar os próprios brinquedos.
- [ ] Praticar esporte.
- [ ] Ajudar os pais em casa.

**3** Leia a reportagem.

### Soraya e Raiany: amigas em busca dos direitos dos povos indígenas

Soraya Nogueira e Raiany Ribeiro são amigas de infância e estão quase o tempo todo grudadas uma na outra. Aos 14 anos, as duas foram escolhidas para representar o Colégio São Gabriel no I Congresso de Adolescentes e Jovens Indígenas de São Gabriel da Cachoeira – Em Defesa dos Nossos Direitos. [...] Elas sabem da responsabilidade que têm. "Teremos que contar o que aconteceu e o que foi decidido para nossos colegas de escola", diz Raiany, da etnia Baré. [...]

As duas estão bastante conscientes da responsabilidade que têm agora. Elas se tornaram multiplicadoras dos direitos indígenas na escola e na comunidade em que vivem. "Nunca tivemos vergonha de ser indígenas e queremos que todos sintam orgulho de suas raízes", diz Soraya.

Unicef Brasil. Disponível em: <www.unicef.org/brazil/pt/activities_10226.html>. Acesso em: abril de 2018.

- Na sua opinião, Soraya e Raiany estão exercendo a cidadania? Converse com os colegas e o professor e registre suas conclusões.

.................................................................................................................

.................................................................................................................

.................................................................................................................

.................................................................................................................

# Conectando saberes

## Saúde, um direito das crianças

**1** Leia o poema.

..............................................................................................................

Todas as coisas
que existem ao nosso redor
precisam ser cuidadas...
todos os dias.

Já pensou se a planta
não recebesse água,
luz e atenção?
E os animais?
E as crianças então?

Ninguém gosta
de ver criança
descuidada, não é?

Projeto nossas crianças: Janelas de oportunidades. **Toda hora é hora de cuidar** – Cartilha da família. p. 4. Disponível em: <www.unicef.org/brazil/pt/todahoracartilha.pdf>. Acesso em: abril de 2018.

Ilustrações: Bry Sarkis/ Arquivo da editora

a) Escreva na linha acima do poema o título que você daria a ele.

b) Complete a frase dando sua opinião.

Cuidar é ..............................................................................

..............................................................................................

..............................................................................................

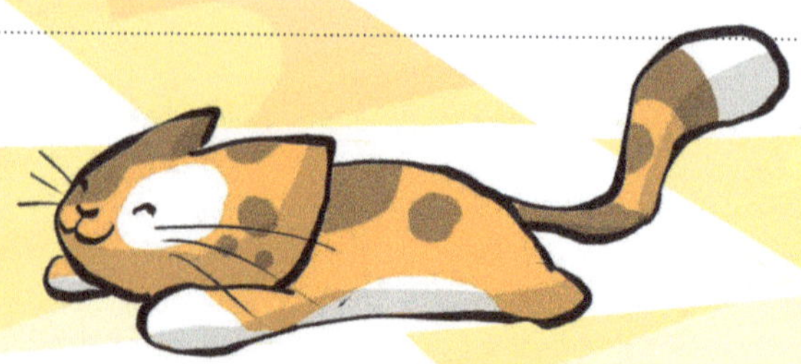

Ilustrações: Biry Sarkis/ Arquivo da editora

**2** **Observe a carteira de vacinação de Fernanda e responda às questões.**

> É obrigatória a vacinação das crianças nos casos recomendados pelas autoridades sanitárias.
>
> BRASIL. **Estatuto da Criança e do Adolescente**. Lei n. 8 069, de 13 de julho de 1990, art. 14, parágrafo único.

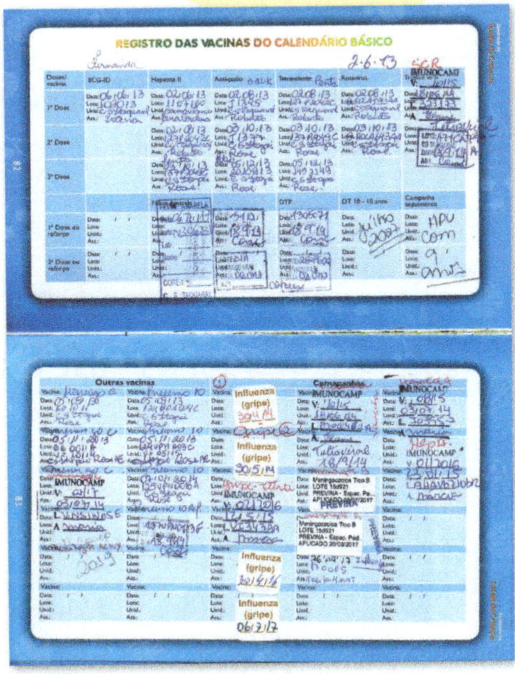


Reprodução/Acervo da editora

Registro das vacinas do calendário básico de Fernanda, nascida em 2013.

a) O que fica registrado nesse documento pessoal?

........................................

b) Quem tem o direito de ser vacinado?

........................................

c) Quem tem o dever de levar as crianças para serem vacinadas?

........................................

d) Quem tem o dever de oferecer as vacinas?

........................................

e) Por que é importante tomar vacinas?

# Vamos retomar

**1** Leia a tirinha.

Ziraldo. **O menino Maluquinho**. Disponível em: <www.omeninomaluquinho.com.br/PaginaTirinha/PaginaAnterior.asp?da=30122012>. Acesso em: abril de 2018.

a) Você poderia trocar nessa tirinha a expressão "setores essenciais" por "direitos da criança"? Por quê?

........................................................................................................

........................................................................................................

b) Escreva outros dois direitos que são garantidos a crianças e adolescentes.

........................................................................................................

........................................................................................................

........................................................................................................

**2** Observe o cartaz.

a) Contorne a frase que explica a campanha divulgada.

b) Por que esse tipo de campanha é necessário?

........................................................................................

........................................................................................

........................................................................................

Cartaz divulgado pelo Ministério Público do Trabalho do Rio Grande do Sul, em 2010.

# Autoavaliação

Terminamos a unidade 7! Leia as frases abaixo e faça um **X** no desenho que melhor expressa sua opinião sobre cada uma delas.

| |  |  |  |
|---|---|---|---|
| 1. Entendi a importância dos direitos das crianças e dos adolescentes. | | | |
| 2. Conheci os principais direitos das crianças e dos adolescentes. | | | |
| 3. Reconheço a diferença entre direitos e deveres. | | | |
| 4. Entendi o problema do trabalho infantil no passado e no presente. | | | |

## Sugestões

### Para acessar

- www.plenarinho.leg.br

  Esse *site* traz informações, curiosidades e discussões sobre diversos temas para que as crianças participem e mostrem o jeito criança de ser cidadão.

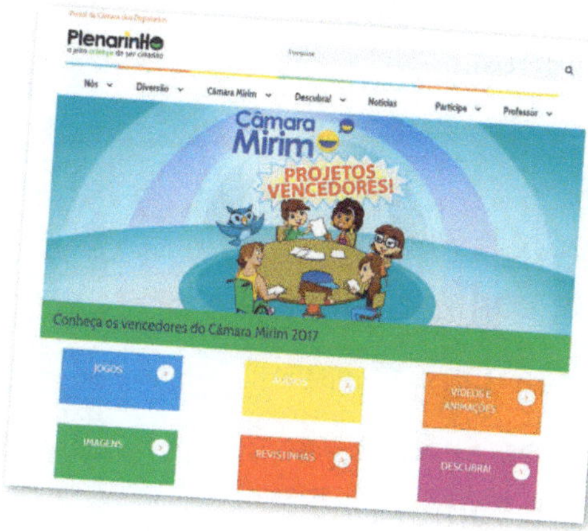


Reprodução/<https://plenarinho.leg.br/>

Reprodução/Companhia das Letrinhas

### Para ler

- **Os direitos das crianças segundo Ruth Rocha,** de Ruth Rocha, Companhia das Letrinhas.

  Nesse livro, os direitos das crianças são abordados em poemas que estimulam a reflexão.

# 8 Trabalho em comunidade

**Nesta unidade você vai:**

- Conhecer algumas profissões.
- Saber como se produz uma peça de teatro.
- Conhecer características do teatro de bonecos.
- Aprender qual é a função dos museus.
- Entender a relação entre trabalho e impacto ambiental.

Artesã modelando peça em argila em Vila Flores, no estado do Rio Grande do Sul. Foto de 2017.

Gerson Gerloff/Pulsar Imagens

Thomaz Vita Neto/Pulsar Imagens

Observe as fotografias e converse com os colegas e o professor.

1. O que essas fotografias têm em comum?

2. Leia a frase:

> Todos os trabalhos são importantes para o funcionamento da comunidade.

- Você concorda com essa afirmação?

1

2

Trabalhador rural colhendo caquis na cidade de Jales, no estado de São Paulo. Foto de 2016.

# Profissões

Você já observou as pessoas que trabalham na sua comunidade? Quem são elas e o que elas fazem?

Muitas pessoas trabalham em uma comunidade. Existem trabalhadores que ajudam na saúde, na educação, na segurança, na limpeza, no comércio e no lazer, por exemplo.

Todos os trabalhadores são importantes para o bom funcionamento de uma comunidade. Você já pensou como seria seu dia a dia sem a ajuda dessas pessoas?

**1** **Identifique nas fotografias os profissionais e suas funções na comunidade.**

Cesar Diniz/Pulsar Imagens

Cidade de São Paulo, no estado de São Paulo em 2017.

.................................................................

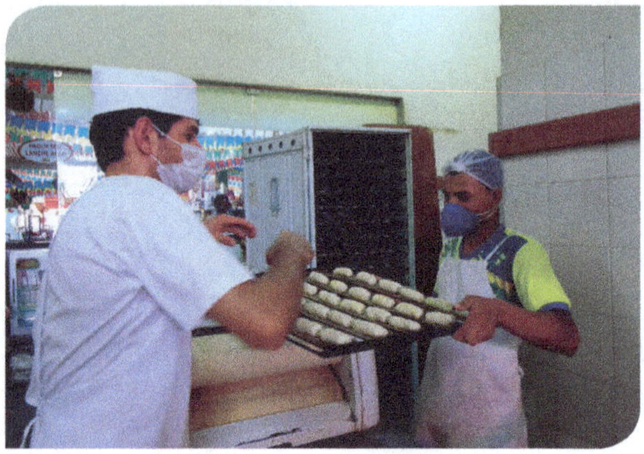

G. Evangelista/Opção Brasil

Cidade de Aracaju, no estado de Sergipe, em 2015.

.................................................................

Alexandre Tokitaka/Pulsar Imagens

Cidade de São Paulo, no estado de São Paulo, em 2017.

.................................................................

.................................................................

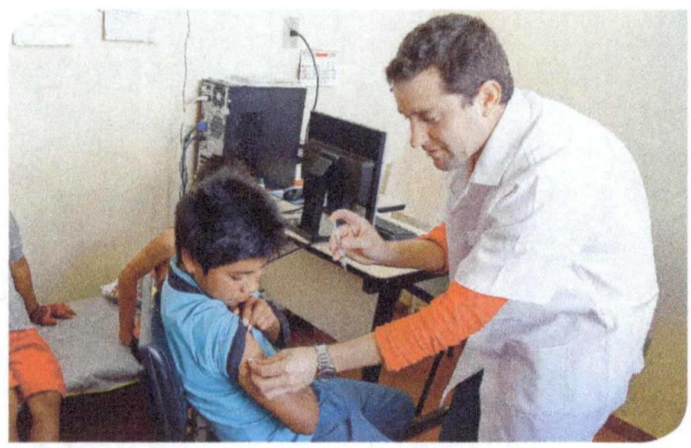

Gerson Gerloff/Pulsar Imagens

Reserva indígena do Guarita, em Tenente Portela, no estado do Rio Grande do Sul, em 2014.

.................................................................

.................................................................

**2** **Leia a seguir o trecho de uma canção do músico Toquinho e responda às questões.**

> [...]
> Eu canto pra meninos e meninas
> Pra quem vende nas esquinas o amor sem emoção.
> Construir acordes e harmonias,
> fazer música e poesia: é a minha profissão.
>
> Meu canto entra na vida das pessoas
> Não escolhe gente boa, classe, raça ou religião.
> Meu canto canta assim do mesmo jeito
> pro vigário, pro prefeito, pro operário, pro patrão.
> [...]
>
> Toquinho. Minha profissão. Em: Toquinho & Sadao Watanabe. ***Made in* coração**. Elektra Records, 1990.

a) O trecho da canção trata de uma profissão artística. Que profissão é essa?

..........................................................................................

b) Quais trabalhadores aparecem no texto?

..........................................................................................

..........................................................................................

**3** **Você já sabe o que quer ser quando crescer? Desenhe no caderno como você se imagina exercendo essa profissão.**

**4** **Entreviste uma pessoa da sua família sobre a profissão dela. Para realizar essa atividade, siga o roteiro abaixo e anote as respostas no caderno. Depois, conte aos colegas o que você descobriu.**

- Qual é a sua profissão?
- Você sempre teve a mesma profissão?
- Quantos anos você tinha quando começou a trabalhar?
- Quando criança, o que você queria ser quando crescesse?
- Você chegou a exercer a profissão que queria ter quando era criança?

# É hora da diversão!

**O que você gosta de fazer para se divertir? Já reparou que existem trabalhadores ligados ao lazer e à diversão? Converse com os colegas sobre alguns desses profissionais.**

Artistas, atores, músicos, escritores, desenhistas e contadores de história são alguns dos profissionais ligados não só à cultura, ao lazer e à diversão, mas também ao desenvolvimento de um pensamento crítico em relação a diversos assuntos. Eles trabalham no circo, no teatro, no cinema e na televisão, fazem histórias em quadrinhos, livros, música e muito mais.

João Prudente/Pulsar Imagens

A música é uma forma de comunicação e de diversão. Na foto, apresentação musical em coreto na cidade de Poços de Caldas, no estado de Minas Gerais, em 2015.

Marcia Minillo/Acervo Gumboot Dance Brasil

A arte também está presente nas ruas das grandes cidades brasileiras. Na foto, apresentação de dança em rua da cidade de São Paulo, no estado de São Paulo, em 2016.

Bruna Marques/Fotoarena

As festas tradicionais são um exemplo de manifestação cultural bastante popular no Brasil. Na foto, apresentação de quadrilha junina em Campina Grande, no estado da Paraíba, em 2016.

Leia

**Os saltimbancos**

# Teatro

Atualmente as peças de teatro são construídas de várias formas. A mais tradicional delas tem um diretor, que escolhe um texto escrito por um autor, seleciona os atores e orienta o trabalho para encenar a peça. Durante a fase de ensaios, cada ator treina sua parte do texto e participa de diversos trabalhos corporais para que a peça seja, enfim, apresentada. Cenógrafos, figurinistas, sonoplastas e iluminadores também são profissionais envolvidos na elaboração de uma peça de teatro.

**1** **Observe o cartaz e leia a legenda. Essa peça de teatro é um musical infantil que conta a história de quatro animais que fogem de maus-tratos, se conhecem e decidem formar um conjunto musical, espalhando respeito e amizade.**

- Contorne no cartaz, com cores diferentes:
  a) o nome do espetáculo;
  b) quando ele ocorrerá;
  c) de quem é o espetáculo.

Cartaz da peça **Os saltimbancos**, adaptada por Chico Buarque e encenada na cidade do Rio de Janeiro, no estado do Rio de Janeiro, em 2016.

**2** **Se você fosse encenar uma peça de teatro musical, que tipo de atividade gostaria de fazer?**

**3** **Qual destas atividades de lazer ocorre com mais frequência na cidade onde você mora: cinema, circo ou teatro? Se for necessário, faça uma pesquisa na internet ou no jornal da cidade.**

.................................................................................................

.................................................................................................

.................................................................................................

## Memória de artista: Tatiana Belinky

Tatiana Belinky viveu mais de 90 anos e se destacou como escritora infantil. Ela criou histórias que encantaram gerações de leitores.

Quando Tatiana tinha dez anos, em 1929, sua família deixou o país onde vivia, a então União Soviética, e veio morar no Brasil, na cidade de São Paulo. Em pouco tempo, a menina já falava e lia em português. Como sempre gostou de ler, não teve dificuldade em começar a escrever e criar histórias que despertam a imaginação.

Leia o depoimento de Tatiana Belinky sobre a arte de escrever livros para crianças.

Protásio Nene/Agência Estado

Tatiana Belinky (1919-2013) publicou mais de 250 títulos de literatura infantil. Na foto, a autora em 1993.

> [...] A fantasia é tudo. Sempre digo aos pequenos que o livro é um objeto mágico, muito maior por dentro do que por fora. Por fora, ele tem a dimensão real, mas dentro dele cabe um castelo, uma floresta, uma cidade inteira... Um livro a gente pode levar para qualquer lugar. E com ele se leva tudo.

Disponível em: <http://criancasdasestrelas.blogspot.com.br/2011/08/entrevista-brilhante-com-escritora.html>. Acesso em: abril de 2018.

Biry Sarkis/ Arquivo da editora

1. Tatiana faleceu em 2013 no Brasil. Quantos anos ela viveu no país?

..........................................................................................................

..........................................................................................................

2. Converse com os colegas: Por que a escritora considera o livro um objeto mágico?

3. Leia um *limerique*, história contada por meio de um poema de cinco versos, escrito por Tatiana Belinky.

Ao ver uma velha coroca
fritando um filé de minhoca,
o Zé Minhocão
falou pro irmão:
"Não achas melhor ir pra toca?"

Tatiana Belinky. **Limeriques**. São Paulo: FTD, 1987. p. 9.

Biry Sarkis/Arquivo da editora

a) O que você achou do poema? Por quê?

b) De que tipo de leitura você gosta?

c) No caderno, faça uma lista com o nome de alguns autores dos quais você já leu algum livro.

# Aprender e sonhar

**Você conhece o teatro de bonecos? Você sabe que existem diferentes maneiras de fazer esse teatro?**

O teatro de bonecos também é uma forma muito antiga de cultura e diversão.

Existem diferentes tipos de teatro de bonecos: os fantoches, os bonecos de vara, as marionetes e até o *bunraku*, que é uma tradição japonesa.

Takehito Kobayashi/The Yomiuri Shimbun/Agência France-Presse

Espetáculo de bonecos inspirado no estilo *bunraku*, na cidade de Chiryu, no Japão, em 2017. Nesse tipo de espetáculo, os artistas geralmente se vestem de preto e entram em cena com os bonecos.

## Teatro mamulengo

O mamulengo é um teatro de fantoches tradicional da região Nordeste do Brasil. As histórias contam o dia a dia do povo de maneira engraçada e descontraída.

Quem dá vida aos bonecos é o mestre mamulengueiro: ele inventa histórias divertidas, muitas vezes improvisadas, de acordo com a reação do público.

Geralmente os bonecos são feitos de madeira, cabaça, papel machê ou espuma de náilon.

Fred Jordão/Acervo do fotógrafo

Apresentação de teatro mamulengo no Recife, no estado de Pernambuco, em 2017.

**1** **Você já assistiu a uma apresentação de teatro de bonecos? Conte aos colegas como foi e o que você achou do espetáculo.**

**2** **Na cidade de Olinda, em Pernambuco, fica o Museu do Mamulengo. O que você imagina que está exposto nesse museu?**

..................................................................................................................

..................................................................................................................

**3** **Leia o texto e observe a fotografia.**

Mestre Zé Lopes nasceu em Glória do Goitá, no estado de Pernambuco, mesma terra do mestre Zé de Vina, com quem aprendeu o ofício de mamulengueiro. Ainda menino, Zé Lopes se encantou pelos bonecos e, aos 15 anos, já havia montado seu primeiro brinquedo. Hoje é um dos mamulengueiros mais atuantes, com participação em festivais de teatro de bonecos do Brasil.

Fred Jordão/Acervo do fotógrafo

Mamulengos do Museu do Mamulengo – Espaço Tiridá, em Olinda, no estado de Pernambuco.

a) Numere as frases de acordo com a ordem dos acontecimentos.

- [ ] Zé Lopes menino se encanta com os bonecos.
- [ ] Participa de festivais de teatro de bonecos pelo Brasil.
- [ ] Zé Lopes aprende o seu ofício com o mestre Zé de Vina.
- [ ] Nascimento do mestre Zé Lopes em Glória do Goitá (PE).

b) Como o ofício de mamulengueiro é transmitido?

## Vamos falar sobre...

### Museu e patrimônio

A principal função dos museus é preservar a memória, a história e as tradições de um povo, de um país ou de uma região. A maioria dos museus tem um acervo, que pode ser formado por documentos, objetos, imagens e obras de arte do passado e do presente. Quando você visita o museu, aprende a conhecer e valorizar o patrimônio cultural.

João Prudente/Pulsar Imagens

Crianças observam exposição no Museu da Energia, em Itu, no estado de São Paulo. Foto de 2017.

- **Reúna-se com os colegas e programem uma visita a um museu da região onde moram. Se não for possível fazer uma visita, procurem na internet por museus no estado e descubram o tipo de obra ou objeto que ele expõe. Depois, contem para a turma o que descobriram.**

# Trabalho e impacto ambiental

**Você sabe explicar o que é impacto ambiental?**

Toda atividade ou trabalho que os seres humanos exercem causa alterações na natureza. Essas alterações são chamadas de impactos ambientais. Dois exemplos são o trabalho de mineração e a construção de hidrelétricas. Na maior parte das vezes, esse impacto é negativo: poluição causada pelo excesso de veículos, morte de animais por contaminação das águas, problemas de saúde, produção excessiva de lixo, entre outros.

Carlos Eduardo Cardoso/Agência O Dia/Agência Estado

O ar poluído causa muitas doenças respiratórias em crianças e idosos, principalmente no inverno. Nesta foto é possível observar a camada de poluição sobre a cidade do Rio de Janeiro, no estado do Rio de Janeiro, em 2015.

A ação dos seres humanos pode causar impacto positivo quando, por exemplo, uma área de proteção ambiental é criada. Nesse caso, a natureza pode se recuperar e voltar a florescer, preservando os animais e as plantas.

**Assista**
O menino e o mundo

Vitor Marigo/Opção Brasil Imagens

Trecho do rio Santo Antônio em região de Mata Atlântica, em Resende, no estado do Rio de Janeiro. Essa é uma área de proteção ambiental. Foto de 2016.

1 **Discuta com os colegas: O que podemos fazer, em nosso cotidiano, para reduzir o impacto ambiental negativo?**

2 **Em sua opinião, por que áreas de proteção ambiental são importantes?**

..........

..........

..........

3 **Com a ajuda do professor, criem um cartaz para divulgar a importância de se preservar uma área de proteção ambiental localizada no estado em que vocês vivem.**

# Vamos retomar

1 Cite exemplos de profissionais ligados à cultura, ao lazer e à diversão.

2 Qual é a diferença entre assistir a uma peça de teatro e a um filme no cinema?

3 Observe as fotografias abaixo. Assinale a que mostra uma situação de impacto ambiental positivo.

Rio poluído na cidade de Americana, no estado de São Paulo. Foto de 2015.

Pesquisadores soltam tartaruga que havia sido presa em redes de pescadores, em Ubatuba, no estado de São Paulo. Foto de 2016.

4 Tatiana Belinky foi uma profissional que trabalhou criando obras que ensinam e divertem. Você concorda com essa afirmação? Explique.

5 Pinte as expressões que se relacionam ao trabalho do mestre mamulengueiro.

teatro de bonecos | circo sem animais | inventor de histórias

## Autoavaliação

| Terminamos a unidade 8! Leia as frases abaixo e faça um **X** no desenho que melhor expressa sua opinião sobre cada uma delas. |  |  |  |
| --- | --- | --- | --- |
| 1. Conheci algumas profissões. | | | |
| 2. Aprendi como se produz uma peça de teatro. | | | |
| 3. Conheci características do teatro de bonecos. | | | |
| 4. Aprendi para que serve um museu. | | | |
| 5. Compreendi a relação entre trabalho e impacto ambiental. | | | |

## Sugestões

### Para assistir

- **O menino e o mundo**, direção de Alê Abreu, Brasil, 2013.

  Cuca é um menino que vive em uma pequena aldeia no interior do país. Sentindo a falta de seu pai, que foi procurar trabalho na capital, Cuca sai de casa e se aventura pelo mundo. O filme foi indicado ao Oscar de melhor animação em 2016.

Filme de Papel/Espaço Filmes

### Para ler

- **Os saltimbancos**, de Luis Enriquez Bacalov e Sergio Bardotti, com ilustrações de Ziraldo, Autêntica.

  Inspirada em **Os músicos de Bremen**, dos irmãos Grimm, a história adaptada por Chico Buarque já é considerada clássica e foi encenada muitas vezes no teatro. Conta a história de quatro personagens: uma galinha, um jumento, uma gata e um cachorro que fogem dos maus--tratos de seus donos para montar um conjunto musical.

Reprodução/Editora Autêntica

UNIDADE

# 9 Crianças como você

**Nesta unidade você vai:**

- Aprender o conceito de **tradição**.
- Reconhecer e respeitar diferentes modos de ser.
- Descobrir que a música é uma linguagem universal.
- Conhecer alguns hábitos e costumes das crianças indígenas.
- Conhecer outras situações de aprendizagem além do ambiente escolar.

Observe as imagens e converse com os colegas e o professor.

1. O que as crianças estão fazendo?
2. Compare as duas imagens. O que elas têm de semelhante? E de diferente?
3. Você sabia que a festa junina é uma tradição no Brasil?

1. Quadrilha em festa junina em Presidente Prudente, no estado de São Paulo, em 2017.

2. **Festa junina**, detalhe de pintura de Anita Malfatti, 1940 (óleo sobre tela, de 33,5 cm × 47 cm).

Adriano Kirihara/Pulsar Imagens

1

2

Uso autorizado por Sylvia Malfatti R. Souza/Coleção particular, Rio de Janeiro, RJ.

# Jeitos de ser

Leia
**Quem é você? – Um livro sobre tolerância**

**Na sua opinião, todas as crianças são iguais?**

As crianças têm as mesmas necessidades: precisam ser cuidadas e protegidas para que cresçam e se desenvolvam com segurança. Criança gosta de brincar, se divertir e aprender. Mas as crianças também são diferentes umas das outras, pois cada uma tem um jeito de ser que é só dela. Leia a letra da canção a seguir.

**Toda criança do mundo**

Seja pobre, seja rica
Seja grandona ou nanica
Mulata, ruiva, amarela
Seja bonitinha ou feia
De trança ou touca de meia
Use sapato ou chinelo…
Seja branca ou seja preta
De seda ou de camiseta
Com diploma ou sem escola
Triste, alegre ou boazinha
Que goste de amarelinha
Ou goste de jogar bola…
Seja indiazinha do mato
Não goste de usar sapato
**Caeté** ou **cariri**
Caipira ou da cidade
Diga mentira ou verdade
Em português ou tupi
More em casa ou num barraco
Coma na mão ou no prato
Viva lá no fim do mundo
Durma na cama ou no chão
Toda criança do mundo
Mora no meu coração

Ruth Rocha. **Na Casa da Ruth**, Intérprete: Fortuna. DVD selo Sesc, 2009.

Biry Sarkis/Arquivo da editora

**caeté ou cariri:** nome de povos indígenas do passado. É também o nome de duas cidades: Caeté, em Minas Gerais, e Santana do Cariri, no Ceará.

1 Quem é o personagem principal dessa música? Desembaralhe as letras e descubra.

Ç A C R I N A

2 Sublinhe seis palavras na letra da música que demonstram como as crianças podem ser diferentes umas das outras.

3 Faça no espaço abaixo um desenho que ilustre esse texto.

# Jeitos de aprender

Os seres humanos não nascem prontos. Durante toda a nossa vida, desde o nascimento até a vida adulta, recebemos ensinamentos dos mais velhos, da família, da comunidade, da escola... Assim, pouco a pouco nos preparamos para conviver com os outros e aprendemos a enfrentar os desafios da vida diária.

Crianças de povos indígenas, por exemplo, aprendem com seus parentes a cuidar da roça, a pescar, a participar de rituais religiosos e até mesmo a brincar.

Rubens Chaves/Pulsar Imagens

Os saberes e valores dos povos indígenas são passados de uma geração para a outra, dos mais velhos para os mais novos. Na foto, cacique da aldeia Guarani Tekoa Pyau ensina crianças a usar arco e flecha. São Paulo, estado de São Paulo, em 2015.

## Vamos falar sobre...

Leia
Crianças como você

### Diferentes modos de ser e de aprender

Todos somos diferentes. Temos a cor da pele e os cabelos diferentes (alguns nem cabelo têm). Gostamos de coisas diferentes. Falamos e gesticulamos de modos diferentes. Seguramos o lápis de jeitos diferentes, podemos escrever ou desenhar com a mão direita ou com a esquerda. Gostamos de sabores e cheiros diferentes. Nós nos vestimos de maneira diferente e temos diferentes modos de brincar... Viva a diferença!

E as crianças indígenas? Elas são diferentes de outras crianças? A maior parte delas também vai à escola, onde aprendem a língua de sua comunidade e também o português, para se comunicarem com os outros brasileiros.

- **Você faz alguma coisa que seja diferente? Conte aos colegas!**

Renato Soares/Pulsar Imagens

Sala de aula indígena na aldeia Moikarako, em São Félix do Xingu, no estado do Pará. Foto de 2016.

**1** Leia o texto sobre as crianças pataxós.

A criança Pataxó tem liberdade para fazer o que quer, mas, também, tem o direito de respeitar suas culturas e costumes, para, quando crescer, não esquecer. [...]

As crianças maiores já sabem como plantar uma roça, fazer uma caça ou uma pescaria, dançar e pintar, fazer o artesanato e cuidar do irmãozinho [...]

Têm liberdade para brincar, tomar banho nas cachoeiras, ir na casa dos primos, jogar bola, caçar ou pescar com o pai.

Nossas crianças são muito saudáveis porque vivem como querem na terra, sabendo como tratá-la e usá-la.

Angthichay et al. **O povo pataxó e suas histórias**.
São Paulo: Global, 2002. p. 41.

a) As crianças Pataxó respeitam sua cultura e seus costumes para não se esquecerem deles quando se tornarem adultos. Você acha isso importante? Por quê?

b) As crianças Pataxó têm direitos e deveres. Copie do texto as palavras correspondentes.

| Deveres | Direitos |
|---|---|
| | |
| | |
| | |
| | |
| | |
| | |

c) Como vivem as crianças de sua comunidade? Faça uma lista do que elas gostam ou não gostam de fazer e compare o resultado com os colegas.

# Jeitos de festejar

Existem diferentes modos de festejar. Festa junina, festa do boi, Carnaval, festa de casamento, de aniversário, de formatura... As comunidades têm suas festas e comemorações tradicionais. A música, com letra e melodia, está presente em quase todas elas.

A música sempre ligou as pessoas de todas as partes do mundo, no passado e no presente. Dizemos que ela é uma linguagem universal, pois todos podem sentir a melodia, ou seja, a sequência de notas ou sons organizada para formar um todo harmônico.

Banda durante a Festa de São Benedito e São Sebastião em Conceição da Barra, no estado do Espírito Santo. Foto de 2015.

Marco Antônio Sá/Pulsar Imagens

## A música e os povos indígenas

No Brasil, os povos indígenas cantam em diferentes situações. A música faz parte dos rituais, das festas e das brincadeiras.

"Araruna Anarê" é uma canção tradicional dos índios Parakaná, do Pará, no norte do Brasil.

**Araruna Anarê**

Araruna anarê ê
Araruna anarê
Araruna anarê
in'y keu'y köwaná
Araruna anarê

Araruna barsare nikãre
Araruna mã dare wüsare
Aeore mã waiá
Mã dare wüsare
Aeore mã waiá

Iwadjuwé Araruna
Iwadjuwe Araruna
Araruna mã waiá
iñi keu'y köwaná
Araruna anare

Mã torí yü tutigü
Mã ürsá perkámen pü
mã tori yü tutigü
mã ürsá perkámen pü
mã tori yü tutigü

Araruna anarê ê
Araruna anarê
Araruna anarê
in'y keu'y köwaná
Araruna anarê

Disponível em: <www.vagalume.com.br/marlui-miranda/araruna.html>. Acesso em: abril de 2018.

Agora, leia a tradução da letra com atenção.

**Araruna**

Biry Sarkis/Arquivo da editora

Araruna, arara-azul, voa.
Será que essa arara-azul é minha?
É minha ou sua?
Araruna, canta agora
Araruna, vamos trabalhar.
Aeore vai, nós vamos trabalhar,
Aeore vai, Araruna, arara-azul, voa.
Será que é minha ou sua arara-azul?

Disponível em: <www.vagalume.com.br/marlui-miranda/araruna.html>. Acesso em: abril de 2018.

**1** Por que a música é considerada uma linguagem universal?

**2** Desembaralhe as letras e descubra o significado da palavra **araruna**.

..............................................................

**3** Você gosta de música? Escreva o nome de uma canção de que gosta muito.

..............................................................

**4** Como você se sente quando ouve sua canção predileta? Faça um desenho que expresse esse sentimento.

**5** Com a ajuda do professor, escolham uma canção de que todos da classe gostem. Organizem um jogral com a letra da canção escolhida. Depois cantem todos juntos e divirtam-se!

**jogral:** grupo que declama textos ou canta músicas em coro, alternando as pessoas que declamam ou cantam. Pode ter partes individuais e coletivas.

# Fazendo História!

## Uma antiga tradição africana

**Tradições** são fatos, ritos e costumes que são passados oralmente de uma geração para a outra.

No norte da África, existe uma canção muito antiga que cultua o Sol. Essa canção foi **passada de pai para filho** ao longo do tempo e é cantada no idioma suaíli. Vamos conhecer e cantar?

**Allunde, alluya**

Allunde allunde
Allunde alluya
Za pu ua ia
Iaa ku sô
Ai ai ai ai
Allunde

Mandai a kuaka
A kuaka mandai
Ai ai ai ai
Alunde,
Ay-yai-yai-yai
Allunde

Heloisa Prieto e Magda Pucci. **De todos os cantos do mundo**. São Paulo: Companhia das Letrinhas, 2008. p. 21.

Boris Medvedev/Shutterstock

Djembê.

Agora veja em português o que a letra da canção diz.

• Elementos não proporcionais entre si

**Viva o Sol que ilumina**

Deus do Sol a nascer
Proteja essa criança
Ajude-a a crescer
E tornar-se
Um adulto
Que a nossa tribo
Vá fortalecer...

Heloisa Prieto e Magda Pucci. **De todos os cantos do mundo**. São Paulo: Companhia das Letrinhas, 2008. p. 21.

James L. Davidson/Shutterstock

Tambores.

Trodler/Shutterstock

Marimba.

1. Substitua os símbolos abaixo por vogais e descubra a palavra que explica um hábito ou costume que passa de pai para filho ao longo do tempo.

2. Pesquise uma tradição importante em sua comunidade e anote as informações na ficha abaixo. Pode ser uma festa, uma receita ou uma dança, por exemplo.

3. Em uma folha à parte, faça um desenho que ilustre essa tradição. Depois exponha o resultado na sala de aula.

# Vamos retomar

**1** Pinte até três carinhas que expressam melhor o seu jeito de ser.

comunicativo

curioso

triste

tímido

alegre

companheiro

Biry Sarkis/Arquivo da editora

**2** Discuta com os colegas: Por que é importante respeitar os diferentes modos de ser das pessoas?

**3** Marque as palavras que expressam diferentes fontes de aprendizado.

- [ ] pessoas mais velhas
- [ ] comunidade
- [ ] pais ou responsáveis
- [ ] visitantes
- [ ] professores

**4** Com os colegas, monte um mosaico com fotos da turma que represente os diferentes jeitos de ser de cada um. Sigam o roteiro:

- selecionem juntos as fotos de todos os colegas;
- escolham uma imagem que represente a turma;
- em uma cartolina, organizem as fotos e a imagem em um mosaico;
- escolham uma frase que represente a turma;
- escrevam a frase na cartolina, acima do mosaico, e exponham o resultado na sala de aula.

## Autoavaliação

| Terminamos a unidade 9! Leia as frases abaixo e faça um **X** no desenho que melhor expressa sua opinião sobre cada uma delas. |  |  |  |
|---|---|---|---|
| 1. Entendi o significado da palavra **tradição**. | | | |
| 2. Aprendi a reconhecer e respeitar diferentes modos de ser. | | | |
| 3. Aprendi que a música é uma linguagem universal. | | | |
| 4. Conheci alguns hábitos e costumes das crianças indígenas. | | | |
| 5. Entendi que existem diferentes situações de aprendizagem além do ambiente escolar. | | | |

## Sugestões

### Para ler

- **Crianças como você**, de Barnabas e Anabel Kindersley, Ática.

  O livro percorre diferentes culturas, mostrando o cotidiano de crianças e celebrando a diversidade em várias partes do mundo.

Reprodução/Editora Ática

Companhia das Letrinhas/Arquivo da editora

- **Quem é você? – Um livro sobre tolerância**, de Pernilla Stalfelt, Companhia das Letrinhas.

  Livro colorido e cheio de ilustrações sobre como devemos aceitar as diferenças entre as pessoas.

# BIBLIOGRAFIA


ACEDO, Rosane; ARANHA, Cecília. *Encontro com Krajcberg*. São Paulo: Formato, 2012.

AMADO, Janaína; FIGUEIREDO, Luiz Carlos. *As viagens dos alimentos*. São Paulo: Atual, 2000.

ANGTHICHAY et al. *O povo Pataxó e suas histórias*. São Paulo: Global, 2002.

BANDEIRA, Pedro. *Cavalgando o arco-íris*. São Paulo: Moderna, 2003.

BARBOSA, Rogério Andrade. *Ndule Ndule*: assim brincam as crianças africanas. São Paulo: Melhoramentos, 2011.

BITTENCOURT, Circe Maria F. (Org.). *O saber histórico na sala de aula*. São Paulo: Contexto, 1991.

BRASIL. Ministério da Educação. Secretaria de Educação Básica. *Elementos conceituais e metodológicos para definição dos direitos de aprendizagem e desenvolvimento do ciclo de alfabetização (1º, 2º e 3º anos) do Ensino Fundamental*. Brasília: MEC/SEB, 2012.

_______. Ministério da Educação. Secretaria de Educação Básica. *História*: Ensino Fundamental. Brasília: MEC/SEB, 2010. (Coleção Explorando o ensino, v. 21.)

CAPRA, F. et al. *Alfabetização ecológica*: a educação das crianças para um mundo sustentável. São Paulo: Cultrix, 2006.

COLL, Cesar; TEBEROSKY, Ana. *Aprendendo História e Geografia*. São Paulo: Ática, 2000.

COSTA, Sérgio Roberto. *Dicionário de gêneros textuais*. São Paulo: Autêntica, 2009.

FONSECA, Selva Guimarães. *Didática e prática de ensino de História*. Campinas: Papirus, 2000.

FRAGA, Walter; ALBUQUERQUE, Wlamyra R. de. *Uma história da cultura afro-brasileira*. São Paulo: Moderna, 2009.

KYNDERSLEY, Barnabas e Anabel. *Crianças como você*. São Paulo: Ática, 2009.

LOUREIRO, Carlos Frederico. *Sustentabilidade e educação*. Um olhar da ecologia política. São Paulo: Cortez, 2012.

MUNDURUKU, Daniel. *Coisas de índio*: versão infantil. São Paulo: Callis, 2010.

PERRENOUD, Philippe. *Construir as competências desde a escola*. Porto Alegre: Artmed, 1999.

PINSK, Jaime. *Cidadania e educação*. São Paulo: Contexto, 2001.

PRIETO, Heloísa; PUCCI, Magda. *De todos os cantos do mundo*. São Paulo: Companhia das Letrinhas, 2008.

SANTAELLA, Lucia. *Leitura de imagens*. São Paulo: Melhoramentos, 2012.

SILVA, Aracy Lopes da Silva; GRUPIONI, Luis Donizete Benzi (Org.). *A temática indígena na escola*. Novos subsídios para professores de 1º e 2º graus. Brasília: MEC/Mari/Unesco, 1995.

TERRA, Antônia. A história da criança no Brasil. In: BRASIL. Ministério da Educação. Secretaria de Educação a Distância. *Cadernos da TV Escola*, PCN na escola, n. 5. Brasília: MEC/SED, 1998.

_______. História e documento: a fotografia. In: BRASIL. Ministério da Educação. Secretaria de Educação a Distância. *Cadernos da TV Escola*, PCN na escola, n. 5. Brasília: MEC/SED, 1998.

_______. O tempo e o trabalho. In: BRASIL. Ministério da Educação. Secretaria de Educação a Distância. *Cadernos da TV Escola*, PCN na escola, n. 5. Brasília: MEC/SED, 1998.

VON, Cristina. *A história do brinquedo*. Para as crianças conhecerem e os adultos se lembrarem. São Paulo: Alegro, 2001.

ZABALA, Antoni; ARNAU, Laia. *Como aprender e ensinar competências*. Porto Alegre: Artmed, 2009.


***Sites***


*Akatu* – Consumo consciente para um futuro sustentável. Disponível em: <www.akatu.org.br/>. Acesso em: 28 jul. 2017.

BRASIL. Ministério da Educação. *Pacto nacional pela alfabetização na idade certa*. Disponível em: <http://pacto.mec.gov.br/images/pdf/pacto.pdf>. Acesso em: 26 abr. 2018.

*Ciência Hoje das Crianças*. Disponível em: <http://chc.cienciahoje.uol.com.br/>. Acesso em: 26 abr. 2018.

*IBGE*. Instituto Brasileiro de Geografia e Estatística. Disponível em: <www.ibge.gov.br/home/>. Acesso em: 26 abr. 2018.

*Instituto Socioambiental* – Povos indígenas no Brasil Mirim. Disponível em: <http://mirim.org/pt-br>. Acesso em: 28 jul. 2017.

*Nova Escola*. Disponível em: <http://novaescola.org.com.br/>. Acesso em: 26 abr. 2018.

*Plenarinho*. Disponível em: <www.plenarinho.leg.br/>. Acesso em: 26 abr. 2018.

# LIGAMUNDO

## HISTÓRIA

ALEXANDRE ALVES
LETÍCIA FAGUNDES DE OLIVEIRA

# CADERNO DE ATIVIDADES

NOME: ______________________________ TURMA: __________

ESCOLA: ______________________________

2º ano
Ensino Fundamental • Anos Iniciais

Editora Saraiva
São Paulo – 1ª edição – 2018

Editora Saraiva

**Direção geral:** Guilherme Luz
**Direção editorial:** Luiz Tonolli e Renata Mascarenhas
**Gestão de projeto editorial:** Tatiany Renó
**Gestão e coordenação de área:** Wagner Nicaretta (ger.) e Brunna Paulussi (coord.)
**Edição:** Érica Lamas
**Gerência de produção editorial:** Ricardo de Gan Braga
**Planejamento e controle de produção:** Paula Godo, Roseli Said e Marcos Toledo
**Revisão:** Hélia de Jesus Gonsaga (ger.), Kátia Scaff Marques (coord.), Rosângela Muricy (coord.), Hires Heglan, Larissa Vazquez, Patrícia Travanca e Rita de Cássia C. Queiroz
**Arte:** Daniela Amaral (ger.), Claudio Faustino (coord.), Meyre Diniz e Simone Aparecida Zupardo Dias (edição de arte)
**Diagramação:** MRS Editorial
**Iconografia:** Sílvio Kligin (ger.), Denise Durand Kremer (coord.), e Thaisi Lima (pesquisa iconográfica)
**Licenciamento de conteúdos de terceiros:** Thiago Fontana (coord.), Luciana Sposito (licenciamento de textos), Erika Ramires, Luciana Pedrosa Bierbauer, Luciana Cardoso e Claudia Rodrigues (Analistas Adm.)
**Tratamento de imagem:** Cesar Wolf, Fernanda Crevin
**Ilustrações:** Claudia Marianno, Milton Rodrigues Alves e Simone Ziasch
**Design:** Gláucia Correa Koller (ger.), Flavia Dutra (proj. gráfico), Talita Guedes da Silva (capa) e Gustavo Natalino Vanini (assist. arte)

---


Avenida das Nações Unidas, 7221, 1º andar, Setor A –
Espaço 2 – Pinheiros – SP – CEP 05425-902
SAC 0800 011 7875
www.editorasaraiva.com.br

---

**2024**
Código da obra CL 800650
CAE 628107 (AL) / 628108 (PR)
1ª edição
10ª impressão



---

Impressão e acabamento
Log&Print Gráfica, Dados Variavéis e Logística S.A.

---

Uma publicação SOMOS EDUCAÇÃO

# APRESENTAÇÃO

ESTE É O SEU CADERNO DE ATIVIDADES.

NELE, VOCÊ VAI ENCONTRAR MAIS DESAFIOS PARA AJUDAR A AMPLIAR SEUS CONHECIMENTOS E OS CONTEÚDOS TRATADOS NO LIVRO.

BOM TRABALHO E VAMOS LÁ!

Biry Sarkis/Arquivo da editora

# SUMÁRIO

Ilustrações: Biry Sarkis/Arquivo da editora

# CADA PESSOA É ÚNICA

## PARECIDOS, MAS DIFERENTES

1 LEIA O NOME E O SOBRENOME DE ALGUMAS CRIANÇAS.

LUÍS TIGRE | RAQUEL PEREIRA | KÁTIA LISBOA | FELIPE BRANCO

A) CIRCULE OS NOMES E OS SOBRENOMES DE ACORDO COM A LEGENDA ABAIXO.

NOMES. SOBRENOMES.

B) IDENTIFIQUE E ESCREVA O SOBRENOME QUE INDICA:

UMA COR: ..........

UMA ÁRVORE: ..........

## COMPROVANDO QUEM EU SOU

2 LEIA O TEXTO.

EU TENHO NOME. E QUEM NÃO TEM?
SEM DOCUMENTOS, EU NÃO SOU NINGUÉM.
EU SOU MARIA, EU SOU JOÃO.

COM .........., SOU CIDADÃO.

*JINGLE* DA CAMPANHA PELO REGISTRO CIVIL DE NASCIMENTO, PRODUZIDO PELA REDE GLOBO EM PARCERIA COM O UNICEF. DISPONÍVEL EM: <www.youtube.com/watch?v=fDRYHgoaPA4>. ACESSO EM: MARÇO DE 2018.

- MARQUE COM UM **X** O DOCUMENTO PESSOAL QUE COMPLETA O TEXTO.

☐ CARTEIRA DE VACINAÇÃO.

☐ CERTIDÃO DE NASCIMENTO.

# VOCÊ TEM HISTÓRIA

**3** **OBSERVE DOIS MOMENTOS DA VIDA DE JACI.**

**1**

JACI COM 1 ANO

**2**

JACI COM 8 ANOS

Ilustrações: Simone Ziasch/ Arquivo da editora

A) QUAL OBJETO FAZ PARTE DA HISTÓRIA DE JACI?

..........................................................................................................

B) MARQUE COM UM **X** O QUE JACI ESTÁ FAZENDO NA FIGURA 2.

☐ ESTÁ GANHANDO UMA BONECA DE SUA AVÓ.

☐ ESTÁ SE LEMBRANDO DE QUANDO TINHA 1 ANO E GANHOU UMA BONECA DE SUA AVÓ.

**4** **A AVÓ DE CLARA ERA PROFESSORA E GUARDOU VÁRIOS OBJETOS EM UMA CAIXA. ASSINALE, NA TABELA A SEGUIR, QUAL OBJETO FAZ PARTE DA HISTÓRIA DA AVÓ DE CLARA, DA HISTÓRIA DA FAMÍLIA E DA HISTÓRIA DA ESCOLA EM QUE A AVÓ TRABALHOU.**

| | HISTÓRIA DE VIDA | HISTÓRIA DA FAMÍLIA | HISTÓRIA DA ESCOLA |
|---|---|---|---|
| CERTIDÃO DE NASCIMENTO | | | |
| DIÁRIOS DE AULAS | | | |
| FOTOGRAFIAS DA FAMÍLIA | | | |
| ROUPAS DE BEBÊ | | | |

**5** **JÚLIO ESCREVEU ALGUNS ACONTECIMENTOS DE SUA VIDA. ORDENE OS ACONTECIMENTOS E COMPLETE A LINHA DO TEMPO DE JÚLIO COM O ANO DE CADA ACONTECIMENTO.**

ENTREI NA ESCOLA EM 2017.

NASCI NO ANO DE 2013.

GANHEI MINHA GATA NO ANO DE 2016.

APRENDI A ANDAR EM 2014.

GANHEI MEU *SKATE* NO ANO DE 2019.

Simone Ziasch/Arquivo da editora

# AMIGOS AQUI E ALI

## ESTAR JUNTO

1 OS AMIGOS SÃO MUITO IMPORTANTES EM NOSSA VIDA. ENCONTRE, NO DIAGRAMA A SEGUIR, ALGUMAS AÇÕES E ATITUDES QUE FAZEM PARTE DAS RELAÇÕES DE AMIZADE.

| | | | | | | | | | | | |
|---|---|---|---|---|---|---|---|---|---|---|---|
| B | E | A | A | N | B | E | X | S | Z | R | M |
| C | O | M | P | A | R | T | I | L | H | A | R |
| B | R | I | N | C | A | R | T | Z | L | E | R |
| J | S | G | W | V | H | H | J | O | G | A | R |
| J | C | O | N | V | E | R | S | A | R | M | U |
| R | E | S | P | E | I | T | A | R | K | Z | U |

2 AGORA FAÇA UM DESENHO PARA REPRESENTAR UMA BRINCADEIRA OU ATIVIDADE QUE VOCÊ COSTUMA COMPARTILHAR COM UM AMIGO.

# PARA O BEM DE TODOS

**3** EM UMA TARDE ENSOLARADA, UM GRUPO DE AMIGOS DECIDIU BRINCAR. LEIA, A SEGUIR, O QUE ACONTECEU E TERMINE A HISTÓRIA.

LARA E BRENO QUEREM BRINCAR DE PEGA-PEGA, MAS ANA E NICO QUEREM BRINCAR PRIMEIRO DE CORRIDA. PARA EVITAR UM CONFLITO, GLAUCO TEVE UMA IDEIA:

**4** PEDRO MACHUCOU O PÉ E FICOU UNS DIAS SEM IR À ESCOLA. VEJA COMO SEUS COLEGAS RESOLVERAM AJUDÁ-LO.

1

2

3

Ilustrações: Claudia Marianno/Arquivo da editora

- O QUE AS CRIANÇAS ESTÃO FAZENDO EM CADA UM DOS MOMENTOS REPRESENTADOS?

**1.**

**2.**

**3.**

5 CONHEÇA, A SEGUIR, OS LUGARES PREDILETOS DE ANA, JOÃO E ISA.

ANA GOSTA DE IR AO RESTAURANTE COM SEUS PAIS.

JOÃO GOSTA DE BRINCAR NO PARQUE.

DEPOIS DA AULA, ISA GOSTA DE JOGAR BOLA NO PARQUE.

A) AGORA, TRACE O CAMINHO QUE CADA CRIANÇA DEVE FAZER PARA CHEGAR A SEU LUGAR PREFERIDO.

Claudia Marianno/Arquivo da editora

B) POR QUE ANA, JOÃO E ISA PREFEREM IR A LUGARES DIFERENTES? MARQUE COM UM **X** A RESPOSTA CORRETA.

- [ ] PORQUE ELES NÃO SÃO AMIGOS.
- [ ] PORQUE ELES ESTAVAM COM SEUS PAIS.
- [ ] PORQUE TÊM GOSTOS DIFERENTES.

## 6 LEIA A TIRINHA DE UM MENINO CHAMADO ARMANDINHO.

A) POR QUE O PAI DO MENINO PERGUNTOU SE ELE SE ESQUECEU DOS VIZINHOS?

- [ ] PORQUE OS VIZINHOS TAMBÉM QUEREM OUVIR A MÚSICA.
- [ ] PORQUE, COM A MÚSICA ALTA, O MENINO NÃO ESTÁ RESPEITANDO OS VIZINHOS.
- [ ] PORQUE OS VIZINHOS GOSTAM DO SOM ALTO.
- [ ] PORQUE OS VIZINHOS NÃO GOSTAM DE MÚSICA.

B) VOCÊ CONCORDA COM A ATITUDE DO MENINO? EXPLIQUE SUA RESPOSTA.

..........

..........

..........

..........

..........

C) ESSA ATITUDE DO MENINO COLABORA PARA UMA BOA CONVIVÊNCIA COM OS VIZINHOS?

- [ ] SIM
- [ ] NÃO

# É BOM TER FAMÍLIA

## VOCÊ NÃO VIVE SÓ

**1** OBSERVE A ÁRVORE GENEALÓGICA DA FAMÍLIA DE ÍGOR.

Simone Ziasch/Arquivo da editora

- LEIA AS INFORMAÇÕES E ESCREVA O NOME DOS PARENTES DE ÍGOR.

É PAI DE JOSÉ E SÍLVIO E AVÔ PATERNO DE ÍGOR.

..........................................................................................

SÃO OS PAIS DE LÍGIA.

..........................................................................................

É AVÓ PATERNA DE ÍGOR.

..........................................................................................

É IRMÃO DE SÍLVIO E TIO PATERNO DE ÍGOR.

..........................................................................................

É IRMÃO DE ÍGOR.

..........................................................................................

**2** **LEIA O QUE DONA ANA, A AVÓ DE ARTUR, ESCREVEU AO NETO NO DIA DE SEU ANIVERSÁRIO.**

EU E O SEU AVÔ NASCEMOS EM PORTUGAL E NOS MUDAMOS PARA O BRASIL HÁ MUITOS ANOS.

QUANDO VIEMOS PARA O BRASIL, NÓS NÃO PODÍAMOS TRAZER MUITAS COISAS, MAS FIZEMOS QUESTÃO DE TRAZER UM CARRINHO MUITO ESPECIAL, QUE FOI DO SEU AVÔ JOAQUIM QUANDO ELE ERA CRIANÇA.

HOJE VOCÊ COMPLETA 8 ANOS! PARA DEMONSTRAR O NOSSO AMOR, DECIDIMOS TE DAR ESSE CARRINHO!

A) GRIFE NO TEXTO O NOME DO PAÍS ONDE OS AVÓS DE ARTUR NASCERAM.

B) POR QUE JOAQUIM E ANA QUISERAM TRAZER UM CARRINHO QUANDO VIERAM PARA O BRASIL?

........................................................................................................

........................................................................................................

C) O CARRINHO QUE ARTUR GANHOU FAZ PARTE DA HISTÓRIA DE SUA FAMÍLIA. O QUE MAIS PODEMOS UTILIZAR PARA CONHECER A HISTÓRIA DE UMA FAMÍLIA? MARQUE COM UM **X**.

- [ ] RELATOS DOS PARENTES MAIS VELHOS.
- [ ] DIÁRIOS DE PESSOAS DA FAMÍLIA.
- [ ] FOTOGRAFIAS.

D) O CARRINHO DO AVÔ DE ARTUR CONTA UM POUCO DA HISTÓRIA DA FAMÍLIA. AGORA PENSE NA SUA FAMÍLIA. QUE OBJETO PODERIA CONTAR UM POUCO DA HISTÓRIA DELA?

........................................................................................................

## ROTINA FAMILIAR

**3** **OBSERVE A ROTINA FAMILIAR DE PATRÍCIA.**

A) QUE ATIVIDADES FAZEM PARTE DA ROTINA DESSA FAMÍLIA?

.....................................................................................................

.....................................................................................................

B) AGORA, COMPLETE AS FRASES COM UM DOS TERMOS DO QUADRO.

| | | |
|---|---|---|
| DEPOIS | ANTES | DURANTE |

- PATRÍCIA ESCOVA OS DENTES .............................. DO CAFÉ DA MANHÃ.
- A FAMÍLIA DE PATRÍCIA GOSTA DE CONVERSAR .............................. AS REFEIÇÕES.
- PATRÍCIA RETIRA A MESA .............................. DO JANTAR.

**4** **CADA FAMÍLIA TEM SEUS COSTUMES E COMEMORAÇÕES. OBSERVE UM DIA ESPECIAL NA FAMÍLIA DE RENATA.**

Ilustrações: Claudia Marianno/Arquivo da editora

- O QUE A FAMÍLIA DE RENATA ESTÁ COMEMORANDO?

.....................................................................................................

# É hora da brincadeira

## Hora de brincar

**1** Leia a tirinha e responda às questões.

Mauricio de Sousa. **Turma da Mônica.** Disponível em: <http://turmadamonica.uol.com.br/historia/tirinha-16-2/>. Acesso em: abr. 2018.

a) Por que Cebolinha estava triste? Assinale com um **X**.

- [ ] Porque ele queria jogar bola com Cascão.
- [ ] Porque a bola não era dele.
- [ ] Porque ele furou a bola do Cascão.

b) Como os dois amigos podem solucionar esse problema?

............................................................

............................................................

............................................................

c) Você já quebrou o brinquedo de algum amigo ou passou por uma situação parecida? Como resolveu o problema?

............................................................

............................................................

............................................................

## Jeitos de brincar

**2** **Observe a fotografia abaixo e leia a legenda.**

A. Tennyson Beals/Biblioteca do Congresso, Washington, D.C., EUA.

A ciranda é uma dança de roda de origem portuguesa. Crianças brincando de roda em Nova York, Estados Unidos, em 1918.

a) Você já brincou de ciranda?

☐ Sim ☐ Não

b) As brincadeiras de roda costumam ser acompanhadas de cantigas. Leia um trecho de uma cantiga bem conhecida e complete-a com as palavras do quadro.

| acabou | cirandar | dar | quebrou | volta |
|---|---|---|---|---|

Ciranda, cirandinha

Vamos todos ..............................

Vamos dar a meia ..............................

Volta e meia vamos ..............................

O anel que tu me destes

Era vidro e se ..............................

O amor que tu me tinhas

Era pouco e se ...............................

Domínio público.

## 3 Observe a fotografia abaixo e leia a legenda.

Criança pulando corda em Londres, em 1926.

a) A imagem retrata uma cena antiga ou atual? Marque com um **X**.

☐ Antiga ☐ Atual

b) Como você descobriu isso?

..........................................................................................

..........................................................................................

c) Leia as frases sobre o brinquedo mostrado na fotografia acima. Escreva **V** para as frases verdadeiras e **F** para as falsas.

☐ Ele foi criado no passado mas ainda existe.

☐ É um brinquedo antigo que não existe mais.

☐ No presente, as crianças ainda brincam com esse brinquedo.

☐ As crianças podem brincar sozinhas, em duplas ou com muitos amigos.

# Um lugar para morar

## As primeiras moradias

**1** **Marque com um X as afirmações verdadeiras.**

- [ ] As moradias oferecem abrigo e proteção para as pessoas.
- [ ] Todas as moradias são iguais.
- [ ] O direito à moradia é sempre respeitado.
- [ ] Há pessoas que vivem em moradias precárias.
- [ ] A moradia faz parte da história das famílias.

**2** **Leia os parágrafos embaralhados de um texto sobre o surgimento das moradias. Organize os parágrafos na ordem correta, numerando-os.**

- [ ] Dessa forma, foi possível permanecer em um mesmo local por mais tempo.
- [ ] Com o passar do tempo, os seres humanos aprenderam a cultivar a terra e a cuidar de animais.
- [ ] Além de construir abrigos mais seguros e sólidos, usando pedra, barro e outros materiais.
- [ ] Os primeiros grupos humanos se abrigavam em cavernas, copas de árvores ou tendas feitas de galhos e cobertas de folhas ou pele de animais.

3 Os primeiros grupos humanos não tinham habitação fixa. Que nome se dá a esses grupos? ..................................................

4 Observe estas moradias e leia as legendas.

Marcos Amend/Pulsar Imagens

Moradia feita de pau a pique em Roraima, em 2017.

Jen Watson/Shutterstock

Moradia sustentável em Queensland, Austrália, em 2018.

Delfim Martins/Pulsar Imagens

Prédio construído de alvenaria em Souza, Paraíba, em 2017.

Ricardo Azoury/Pulsar Imagens

Pinturas rupestres em caverna em São Raimundo Nonato, Piauí, em 2015.

Agora escreva o número da fotografia que corresponde às afirmações a seguir.

☐ Os primeiros seres humanos habitavam cavernas.

☐ Muitos prédios atuais são construídos com tijolos e cimento.

☐ É possível construir moradias com elementos da natureza, como barro e troncos de madeira.

☐ Casas sustentáveis são construídas com materiais que não agridem o meio ambiente e que utilizam energia solar e água da chuva.

# Que fome!

1 Encontre e circule no diagrama o nome das atividades pelas quais eram obtidos os alimentos consumidos pelos primeiros grupos humanos.

| | | | | | | | | | |
|---|---|---|---|---|---|---|---|---|---|
| W | O | R | C | S | R | S | P | C | D |
| U | C | O | L | E | T | A | E | A | R |
| W | U | X | A | S | R | I | S | Ç | O |
| R | W | H | J | T | I | A | C | A | U |
| A | D | B | C | A | O | I | A | C | D |

2 Leia a charge a seguir.

Arionauro/Acervo do cartunista

a) O que os adultos representados na charge estão fazendo?

..................................................................................................................

b) Você acha que a família representada na charge costuma compartilhar as refeições? Justifique sua resposta.

..................................................................................................................

..................................................................................................................

# Alimentação em outros tempos

**3** **Leia o texto a seguir, que trata de uma invenção que modificou a forma como as pessoas se alimentavam.**

No início do século 20 uma invenção mudou a alimentação das pessoas. Antes dela, as carnes estragavam em algumas horas. Os vegetais e as verduras eram colhidos e, se não fossem consumidos, em poucos dias estavam estragados.

Depois dessa invenção, os alimentos puderam ser conservados por mais tempo. Atualmente, as carnes demoram para estragar e os vegetais e as verduras podem ser consumidos vários dias após serem colhidos.

a) Marque com um **X** a fotografia que mostra essa invenção.

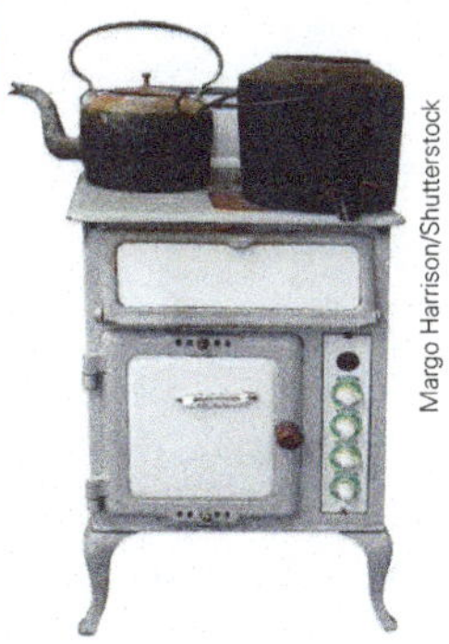


Fogão utilizado nos anos 1930.

Liquidificador utilizado nos anos 1960.

Refrigerador utilizado aproximadamente em 1900.

b) Complete o quadro com as informações do texto.

| | Antes da invenção | Depois da invenção |
|---|---|---|
| Armazenamento e consumo de carnes | | |
| Armazenamento e consumo de verduras e vegetais | | |

## Tipos de alimento

**4** Veja a seguir dois cardápios, que mostram os hábitos alimentares de duas pessoas em diferentes épocas.

| | Cardápio no passado | Cardápio no presente |
|---|---|---|
| Café da manhã | Pão, leite e frutas. | Bolacha e leite com achocolatado. |
| Almoço | Arroz, feijão, carne e salada. | Arroz, feijão, carne, salada e refrigerante. |
| Jantar | Sopa de legumes. | Lasanha industrializada. |

a) Contorne os alimentos indicados na tabela, com lápis coloridos, conforme a legenda abaixo.

- Alimentos industrializados.
- Alimentos *in natura*.

b) Qual dos cardápios apresenta mais alimentos industrializados? Circule esses alimentos na tabela.

.................................................................................................

c) Qual dos cardápios apresenta mais alimentos *in natura*?

.................................................................................................

d) Observando os cardápios, é possível concluir que a alimentação mudou ao longo do tempo?

- [ ] Não. Os hábitos alimentares do passado e do presente são parecidos.
- [ ] Sim. Os hábitos alimentares do passado apresentam mais alimentos *in natura*.

**5** **Leia a dica de Ester e descubra sobre qual objeto ela fala.**

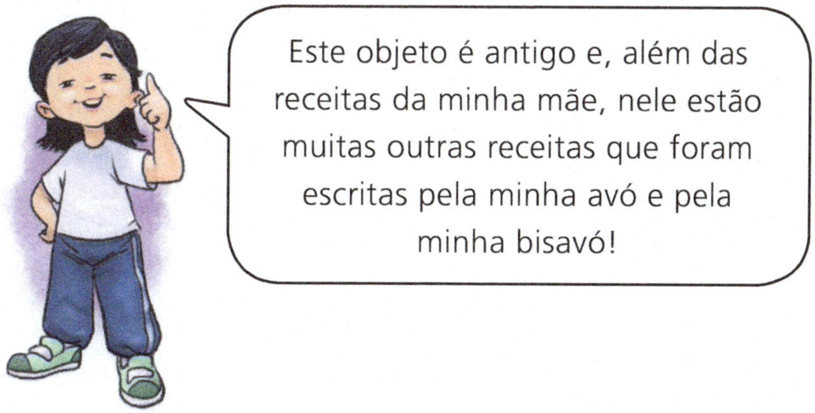


Milton Rodrigues Alves/ Arquivo da editora

O nome do objeto que faz parte da história da família de Ester é:

...........................................................................................................................................

**6** **Observe as fotografias e pinte os quadrinhos conforme a legenda.**

alimento *in natura* — alimento industrializado

Stock Photos/Latinstock

Stock Photos/Latinstock

Eduardo Anizelli/Folhapress

Stock Photos/Latinstock

**7** **Qual é o seu prato predileto? Faça um desenho para representá-lo no espaço abaixo.**

# É bom ser criança

## Direitos da criança

1 Leia abaixo alguns direitos das crianças.

Brincar e se divertir.

Receber alimentação adequada.

Ter um nome e uma nacionalidade.

Receber cuidados e proteção.

Crescer em um ambiente com afeto e segurança.

Agora faça um desenho para representar um desses direitos.

2 Observe a fotografia ao lado. Ela representa um importante direito das crianças.

Escreva abaixo que direito é esse.

Sergio Pedreira/Pulsar Imagens

Escola municipal em Santa Luz, Bahia, em 2018.

**3** Leia, a seguir, um trecho da carta de princípios de uma escola da cidade de São Paulo. Os direitos e os deveres da carta foram elaborados por alunos, funcionários e professores.

> **Todos merecemos ser tratados com respeito**
> Todos devem saber ouvir e saber falar.
> Todos devem levantar a mão para pedir a palavra.
> Ninguém deve sofrer ameaças.
> Ninguém deve receber apelidos desrespeitosos.
> Ninguém deve ser xingado ou ofendido.
> [...]
>
> **Todos temos direito a uma escola que funcione organizadamente**
> Os horários das atividades devem ser definidos e respeitados.
> Todos os roteiros e trabalhos dos alunos devem ser corrigidos.
> O número de educadores deve ser suficiente.
>
> EMEF Desembargador Amorim Lima. Carta de princípios. Disponível em: <https://amorimlima.org.br/2011/09/carta-de-principios/>. Acesso em: maio de 2018.

a) Sublinhe com lápis **azul** as frases que indicam os direitos das crianças que estudam nessa escola.

b) Agora, contorne de **vermelho** as frases que indicam os deveres delas.

c) Escreva um direito dessa carta de princípios que você gostaria que houvesse na escola em que estuda.

................................................................................

................................................................................

................................................................................

d) Por que você considera esse direito importante?

................................................................................

................................................................................

# Idade de criança, trabalho de adulto

4 Observe a fotografia e leia a legenda.

Hans Von Manteuffel/Opção Brasil Imagens

Criança na praia de Boa Viagem em Recife, Pernambuco, em 2013.

a) Marque com um **X** as frases que se referem à situação registrada na fotografia.

- [ ] A criança está brincando e estudando.
- [ ] O trabalho infantil é proibido no Brasil.
- [ ] O trabalho infantil desrespeita os direitos das crianças.
- [ ] As crianças que trabalham não têm tempo para descansar, brincar e estudar.

b) Pense na criança da fotografia como personagem de uma história. Utilize as palavras do quadro abaixo para contar a história dessa criança.

| trabalho infantil | proibido | crianças | direito |
|---|---|---|---|

..........................................................................................

..........................................................................................

..........................................................................................

..........................................................................................

# Trabalho em comunidade

## Profissões

1 Relacione cada profissional ao local onde trabalha e à atividade que realiza.

**A** Estes profissionais ensinam a ler, a escrever, a contar, entre outras coisas.

**B** Estes profissionais mantêm as ruas limpas, evitando que o lixo se acumule.

**C** Estes profissionais cuidam da saúde das pessoas.

Fernando Favoretto/Criar Imagem

Sala de aula em São Paulo, em 2016.

Marcio Jose Bastos Silva/Shutterstock

Rua em Olinda, Pernambuco, em 2018.

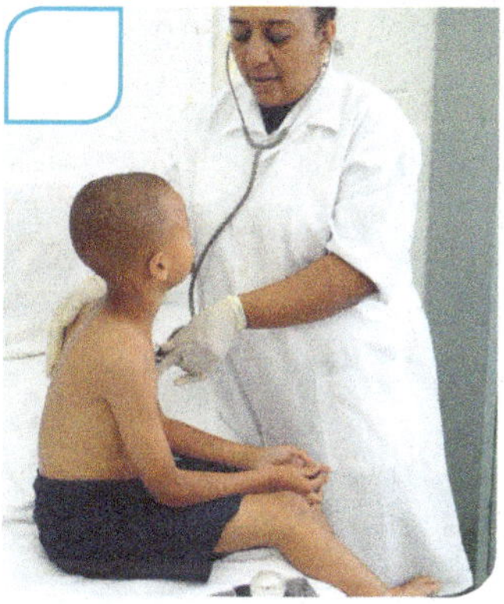
Fernando Favoretto/Criar Imagem

Médica em São Paulo, em 2014.

Paulo Vilela/Shutterstock

Hospital em Ribeirão Preto, São Paulo, em 2017.

Rodolpho Machado/Opção Brasil Imagens

Gari no Rio de Janeiro, em 2016.

Fernando Favoretto/Criar Imagem

Professora em São Caetano do Sul, em 2014.

## É hora da diversão!

**2** **Leia o depoimento do senhor Carlo sobre como ele costumava se divertir na cidade do Rio de Janeiro há quase 60 anos.**

Ia-se muito [ao] cinema naquela época, era uma diversão quase que obrigatória. [...] As pessoas iam [ao] cinema quase todo dia, de noite, de dia, [assistiam a] dois filmes, três filmes. [...] O cinema era a grande diversão desse período, antes da televisão. Eu gostava muito. [...]

Os adultos geralmente se vestiam de paletó e gravata, e as crianças também [...]. As roupas de adultos eram adaptadas para criança, então se usava terninho de calça curta, e camisinha com suspensório e gravata. Ninguém entrava no cinema sem gravata. Os cinemas eram luxuosos, as mulheres e os homens iam muito bem-vestidos. Iam ao cinema no fim de semana, no sábado e domingo, era um acontecimento. [...]

Museu da Pessoa. História de vida. História de: Carlo Leonardo Schneider. Disponível em: <http://www.museudapessoa.net/pt/conteudo/historia/historia-de-vida-45029>. Acesso em: abr. 2018.

a) Em qual lugar as pessoas costumavam se divertir no passado?

..........................................................................................

b) Atualmente esse lugar ainda é espaço de lazer? ☐ Sim ☐ Não

c) Na sua opinião, as pessoas que vão ao cinema hoje em dia se vestem da mesma forma que no passado? Explique.

..........................................................................................

..........................................................................................

d) Você já assistiu a algum filme no cinema? Conte como foi essa experiência.

..........................................................................................

..........................................................................................

## Trabalho e impacto ambiental

**3** Observe esta fotografia.

Werner Rudhart/Kino.Com.br

Voluntários recolhem lixo às margens de rio em São José dos Campos, em 2015.

- A fotografia retrata um impacto negativo e um impacto positivo da ação humana no ambiente. Classifique as frases conforme a legenda a seguir.

Impacto negativo.     Impacto positivo.

☐ Poluição do rio causada pelo lixo.

☐ Mutirão de limpeza para recolher o lixo.

**4** **Desenhe uma ação humana que gera impacto positivo no ambiente.**

# Crianças como você

## Jeitos de aprender

**1** Relacione as fotografias abaixo com as formas de aprender indicadas nos quadros.

**A** Aprender com os amigos.

**B** Aprender com os mais velhos.

**C** Aprender com o professor

Rubens Chaves/Pulsar Imagens

Crianças na aldeia guarani Tekoa Pyau, na cidade de São Paulo, estado de São Paulo, em 2015.

India Picture/Shutterstock

Crianças estudando em Recife, Pernambuco, em 2018.

Sergio Pedreira/Pulsar Imagens

Crianças em sala de aula em Santaluz, Bahia, em 2018.

**2** Agora, desembaralhe as palavras do quadro e descubra com quem podemos aprender.

podemos | aprender | Todos nós | com | os outros | uns

..............................................................................................

..............................................................................................

## 3 Observe estas fotografias e leia as legendas.

1

romeovip_md/Shutterstock

Na cidade de Reykjavik, capital da Islândia, há muitos séculos os telhados das casas são pintados com tintas coloridas. Foto de 2017.

2

Janeycakes Photos/Cultura/Getty Images

Os ingleses costumam tomar chá com leite por volta das 17 horas. Inglaterra, em 2017.

3

Klaus Vedfelt/Digital Vision/Getty Images

O costume de fazer churrasco faz parte do cotidiano das famílias na África do Sul. Foto de 2017.

4

Fabio Colombini/Acervo do fotógrafo

A arte de fazer artesanato com palha é ensinada de geração em geração entre os indígenas Guarani Mbya em Parelheiros, São Paulo. Foto de 2012.

- Tradições são conhecimentos, hábitos e costumes transmitidos de geração em geração. As tradições de uma comunidade podem fazer parte do dia a dia de seus moradores.

  a) Escreva o número das fotografias que apresentam hábitos alimentares em diferentes países.

  ..........

  b) Você conhece algum costume de outro país que também seja praticado no Brasil? Qual?

  ..........

  ..........

  ..........

  c) Os costumes podem influenciar a forma como as pessoas cuidam de suas moradias? Explique.

  ..........

  ..........

  ..........

  ..........

  d) Qual das fotografias retrata um conhecimento passado de geração em geração?

  ..........

  e) No local onde você vive, isso também acontece? Dê exemplos.

  ..........

  ..........

  ..........